KB193363

**팀장을 위한
성과면담의 기술**

ONE-ON-ONE PERFORMAN CE💬 REVIEW

팀장의
서재📖
005

성과 미팅이 힘겨운 팀장들을 위한 코칭 대화법

팀장을 위한 성과면담의 기술

김정현
지음

FOR 💬 TEAM LEADERS 💬

센시오

팀장으로서 최선을 다했는데도 뭔가 석연치 않은 느낌이 드는가? 팀원과의 소통 과정에 알 수 없는 누수 현상이 자꾸 발생하는가? 그렇다면 여기 해답의 실마리를 제시해줄 탁월한 지침서가 있다. 『팀장을 위한 성과면담의 기술』은 저자의 전작 『팀장 리더십 수업』의 완결판으로, 그간의 경험과 노하우를 갈아 넣은 책이다. 부족한 2% 때문에 고민했던 팀장들은 서둘러 완독할 것을 강력히 권한다.

_이기성(한국인력개발학회 명예회장, 한국기업교육학회 고문)

현재 우리 산업계는 치열한 경쟁 속에서 성과 중심의 조직 운영이 필수적이다. 성과를 만들어내는 조직의 중간관리자인 팀장의 역할과 책임은 어느 때보다 중요하며, 특히 팀장의 면담 스킬은 모든 성과 창출의 기본이 된다. 이 책은 성과면담을 통해 성과를 효과적으로 창출하도록 돕는 최적의 책이 될 것이라 확신한다.

_유재천(유한양행 부사장)

팀장의 역량 개발을 위한 많은 책들이 있지만, 실전에서 활용 가능한 책은 매우 드물다. 『팀장을 위한 성과면담의 기술』은 팀의 성과 창출에 대해 고민이 많은 팀장들, 그리고 본인의 성과를 향한 과정을 돌아보고 싶은 리더들에게도 매우 유용한 책이 될 것이다. 책 속의 다양한 스킬과 사례를 통해 팀장들의 고충이 덜어지길 기대한다.

_양준모(엑스퍼트컨설팅 상무)

팀원들을 통해 성과를 도출하는 코치형 팀장은 창의 조직의 근간이고 경쟁력이다. 팀장이 코치가 되면, 팀원들은 챔피언을 꿈꾼다. 김정현 박사의 『팀장을 위한 성과면담의 기술』은 쉽게 읽히지만, 그 메시지는 강력하고 혁신적이다. 조직의 미래를 생각하는 팀장들에게 주저 없는 일독을 권한다.

_**정득시**(삼성전자 영상전략마케팅팀 Principal professional)

신임 팀장부터 숙련된 관리자까지, 모든 리더에게 꼭 필요한 책. 리더의 성과관리 역량을 한 단계 도약시키는 데 꼭 필요한 실용적인 워크북으로, 풍부한 템플릿과 체크리스트, 질문지를 통해 질적인 면담에 상황별로 쉽게 적용할 수 있다. 팀원들의 성장을 효과적으로 지원하고, 리더가 팀과 함께 성장하도록 돕는 강력한 가이드가 될 것이다.

_**홍인표**(대상 Cullture&Growth팀 팀장)

'성과 창출'은 매년 공공기관의 연간 업무계획에 빠지지 않고 등장하는 단어이다. 김정현 박사의 『팀장을 위한 성과면담의 기술』은 단순한 '성과면담'에 관한 책이 아니다. 시대 변화에 맞는 제대로 된 성과관리란 무엇이고 이를 어떻게 수행해야 하는지 기본기부터 알려주는 책이다. 퇴사율이 부쩍 높아지고 있는 공공기관 조직 관리자들도 꼭 한 번 읽어 보길 권한다.

_**한승완**(경기도인재개발원 교육연구팀장)

팀장의 성과면담 능력이
기업의 핵심 경쟁력이다

몇 개월 전 이름을 대면 모두가 알만한 공공기관 팀장 리더십
관련 컨설팅을 맡은 적이 있었다. 이 프로젝트를 진행한 담당
차장께서 이런 말을 한다.

"박사님, 다른 거 필요 없고요, 우리 팀장님들이 성과면담 할 때 팀원들
이랑 대화만 제대로 되면 좋겠어요. 대화가 안 되는데 더 이상 무슨 진
도가 나가겠어요?"

실제로 기업 현장에서 팀장들을 만나 보면, 성과를 주제로 팀
원과 대화를 나누거나 일대일 성과면담을 주관하는 것이 부담
스럽고 힘들다는 하소연을 숱하게 접한다. 하지만 인텔의 전설
적인 CEO인 앤디 그로브Andy Grove는 자신의 한평생 경영 경험

에서 가장 중요한 관리 기법이 무엇인지를 묻는 질문에 "정기적으로 갖는 팀원과의 1:1 대화"라고 답변하였다. 팀원들과의 1:1 대화는 팀원들을 가르치고 코칭할 수 있는 기회를 제공해 주며, 아울러 팀장 자신의 문제점을 비롯하여 다양한 피드백을 확인할 수 있다는 것이다.

무엇보다 팀장에게 팀원과의 대화가 중요한 이유는, 바로 팀의 성과와 직결되기 때문이다. 조직은 팀장에게 '성과 창출'을 최우선으로 요구한다. 팀장에게 있어서 '성과'는 떼려야 뗄 수 없는 숙명 같은 것이다.

그럼, 팀장은 성과를 어떻게 만들어 낼 수 있을까? 팀장은 팀을 이끄는 작은 CEO이다. 자신이 이끄는 팀원들을 통해 성과를 만들어 내야 한다. 팀원들이 지금껏 이뤄낸 성과를 정확히 평가하고, 또한 더 나은 성과를 창출하도록 이끌어야 한다.

조직은 성과관리 툴을 만들고, 팀장은 성과관리 툴을 통해 팀원들을 관리한다. 목표를 설정하고, 조정하고, 결과를 평가한다. 이 모든 과정은 팀장이 팀원과 논의하고 협의하고 대화하는 가운데 이루어진다.

그렇기에 성과를 올리는 핵심은 결국 '팀원들과의 대화'이다.

많은 팀장들이 팀원과 성과면담을 앞두고서 난감해한다.

"집에서도 대화를 잘 하지 않는데, 팀원과 얼굴 마주 보고 대화하는 게 영 어색해서 말이죠. 어르고 달래면서 부족한 부분은 코칭도 하고... 어휴~ 그게 내 맘처럼 잘 안 되더라고요."

성과관리를 위해 팀원과 대화를 안 할 수 없다. 그렇지만 왜 해야 하는지, 어떻게 해야 하는지 조직 차원에서 제대로 알려주지 않는다. 우리들의 선배도 그런 훈련을 받지 않은 경우가 대부분이다. 조직에서 하라고 하니 하는 척은 하는데, 팀원과 같이 앉아 있으면 채 10분도 지나지 않아 어색한 공기가 흐르고 대화는 덜그럭거린다. 이야기가 좀 진전되는가 싶다가도 어느새 인상을 쓰면서 곱지 않은 말이 튀어나오는 자신을 발견한다. 어떻게 하면 좋을까?

이 책은 팀장이 팀원들과 '성과를 위한 대화'를 제대로 하기 위한 것으로, 총 9장으로 구성되어 있다.

1장과 2장에서는 팀장에게 요구되는 핵심 업무인 성과관리와 이를 위한 코치형 팀장 리더십에 대해 살펴본다. 팀원들 각자가 책임지고 자기 일을 해내도록 위임하면서, 적절한 타이밍에 도와주고 격려하는 '코치형 리더'가 되기 위해 팀장이 갖추어야 할 자질을 안내한다.

3장과 4장에서는 성과면담의 핵심 스킬인 '질문과 경청의 기술, 그리고 '피드백과 말하기 기술'에 대해 알아보고 5장과 6장에서는 성과면담의 기본 프로세스와 구조, 성과면담의 각 단계에서 팀장이 수행해야 할 핵심 행동에 대해 살펴본다.

7장과 8장에서는 요즘 화두로 떠오르고 있는 원온원 성과코칭의 구체적인 방법론에 대해 알아보고, 마지막 9장에서는 팀장들이 성과면담에 관해 가장 많이 호소하는 고충들을 실제 사례를 들어 살펴보고 구체적인 실전 해결책을 제시한다.

성과를 위한 대화와 관련한 모든 것을 체계적으로 서술하기 위해 노력했으며, 현장에서 바로 적용하고 사용할 수 있는 내용을 담고자 최선을 다해 노력했다. 특히 모든 장의 끝에는 현장에서 바로 적용해서 쓸 수 있는 체크리스트와 템플릿 등을 담아 현장 활용도를 높였다.

여기 담은 것은 일반적인 대화의 기술이 아니다. 성과를 관리하고 끌어올리기 위한 대화, 즉 성과를 중심으로 하는 팀원 코칭의 구체적인 노하우를 담았다. 또한 조직의 구조나 업무 분위기가 우리와는 사뭇 다른 외국 사례를 가져오는 것이 아니라,

우리 주변에서 실제로 흔히 접할 수 있는, 국내의 다양한 현장 사례를 중심으로 설명하고자 했다.

팀원들 하나하나를 아우르고 독려하면서, 팀의 에너지가 불필요한 틈새로 새어 나가 비효율적으로 운영되지 않게 하려면, 팀장에게는 무엇보다도 제대로 대화하는 능력이 필요하다. '팀 전체의 성과'라는 필생의 과제로 고민하는 수많은 팀장들에게 이 책이 적절한 가이드이자 매뉴얼 역할을 해 줄 것을 기대해 본다.

'팀장들을 위한 리더십에 대한 제대로 된 기본서가 있으면 좋겠다.'라는 소망으로 집필한 《팀장 리더십 수업》 책을 낸 지도 어느덧 수년이 지나가고 있으며, 그 과정에서 독자들로부터 많은 사랑을 받았다. 또다시 책을 써내는 것이 쉽지 않았고, 넘쳐 나는 책들 속에 또 다른 소음을 만들어 내는 것은 아닌가 하는 두려움도 있었다. 그러나 현장에서 쏟아지는 수많은 목소리와 요청 속에서, 팀장들을 위한 체계화된 성과면담 책이 꼭 필요함을 느꼈다.

이번 책 또한 우리의 일터 곳곳에서 고군분투하는 수많은 팀장과 리더들에게, 그리고 대화를 통해 더 단단하고 강한 팀으로 성장하는 소통의 길에, 하나의 디딤돌이 되길 조용히 소망해 본다.

　신앙생활을 제대로 하고 있지 못하지만, 큰일을 대하면 언제나 나는 하나님의 사람임을 고백한다. 나의 박사학위 논문 서두에 이런 말을 쓴 것을 기억한다. "부족한 나의 논문과 학위가 하나님께 선한 도구로 사용되길 기도합니다." 또다시 나의 이 책이 선한 도구로 세상에서 사용되길 간절히 기도한다.
　거름더미에서 드사 나에게 배울 수 있게 해 주시고 공부할 수 있는 능력을 주셔서, 귀한 이들과 함께 앉게 하시고 나누게 해 주시는 하나님께 모든 영광과 감사를 돌린다. 또한 사랑하는 아내와 아들에게도 고마움과 미안함을 전한다.

Contents

제1장 좋은 인재가 오래 머무는 팀, 팀장의 성과관리가 좌우한다

제2장 성과면담을 잘하고 싶다면 심판이 아닌 코치가 되어라

제6장 팀장이 수행해야 할
성과면담 단계별 핵심 활동

제7장 성과를 확실하게 보장하는
성과코칭대화, 원온원

제8장 성공적인 원온원을 위한
Big Question 5

제9장

"성과면담, 이럴 땐 어떻게 하죠?" BEST 사례 14

ONE-ON-ONE
PERFORMAN
CE💬REVIEW

제1장

**좋은 인재가 오래 머무는 팀,
팀장의 성과관리가 좌우한다**

FOR 💬 TEAM
LEADERS 💬

팀장이 꼭 해내야하는 4가지 핵심업무

⚑ 팀장은 팀을 성과로 이끄는 작은 CEO이다!

팀장은 무슨 일을 하는 사람인가? 누군가 당신에게 "팀장으로서 자신의 핵심업무가 무엇이라고 생각하는가?"라고 묻는다면 무어라 대답하겠는가?

경영학의 아버지 피터 드러커는 이에 대해 명쾌한 힌트를 준다. "경영자manager, 즉 모든 일을 끝까지 완수해야 할 지위에 있는 사람이 해야 할 업무는 바로 성과를 올리는 것이다!"

팀장은 팀을 이끄는 '작은 CEO'로서, 완결해야 할 불변의 업무가 있다. 바로 팀의 성과를 올리는 것! 팀장의 업무는 성과로 시작해 성과로 끝난다. 그것은 자기 혼자만의 성과가 아니라, 팀 전체의 성과다. 이를 위해서 헌신하는 것이 팀장의 역할이다.

여기서 다시 의문이 생겨난다. "그렇다면 팀장은 어떻게 팀의 성과를 올릴 수 있는가?"

팀원으로서 자기 업무를 잘 해내는 것과 팀장으로서 팀 전체의 성과를 높이는 것은 엄연히 다르다. 팀원일 때에는 탁월하게 일을 했어도 팀장이 되어서는 역량을 발휘하지 못하는 이들이 많은 이유이다. 팀의 성과를 높이는 일은 결코 쉽지 않으며, 성과를 올리는 팀장의 업무는 팀원의 업무와는 달라져야 한다.

성과를 높이는 팀장이 해야 할 업무는 크게 4가지로 나누어 살펴볼 수 있다.

① 팀(조직)의 목표를 명확히 규정한다(Define).

팀장은 자기가 맡은 팀의 목표를 명확히 정의해야 하며, 그것을 팀원들과 공유해야 한다. 팀이 나아갈 목표를 정확히 설정하고, 팀원 전체가 그것을 향해 나아갈 수 있도록 명료하게 주지시켜야 한다는 의미이다.

'목표'에는 팀 전체가 나아가야 할 바도 해당하지만, 그것을 달성하기 위해 팀원 각자가 어떤 업무를 맡아야 하고 어느 범위까지 과업을 해내야 하는지 명확히 규정하는 것까지 포함된다.

이때 팀의 목표는 전체 조직(회사)의 미션과 비전, 전략과제 등과 잘 정렬align되어야만 한다. 조직 전체가 가야 할 방향과 그에 속한 팀이 추구하는 방향은 '같은 쪽'을 바라보고 있어야 한다. 그래야만 회사에 기여하는 올바른 목표를 설정할 수 있고, 그것을 향해 매진할 수 있다. 방향과 목표가 분명해야만 좋은 성과가 만들어진다.

팀장은 자기 팀이 해야 할 업무가 무엇이며, 과업의 범위는 어디부터 어디까지인지 '명확히' 규정해야 한다. 우리 팀이 맡아 키울 조직 전체의 과제를 명확히 정의해야 한다. 영어에서는 조직에서 잘 정리되지 못하고 처리해야 할 골치 아프고 불편한 것을 원숭이monkey로 종종 표현한다. 이들 원숭이들을 잘 정의하고 구분해서 대처하는 것이 필요하다.

② 업무 배분과 권한위임을 명확히 한다(Assign).

팀의 업무를 정의하고 과업의 범위를 정확히 했다면, 이제 각각의 원숭이들을 누가 어떻게 관리하고 키울 것인지를 결정해야 한다. 목표에 따른 R&RRole & Responsibility을 명확히 하는 것이다.

한 TV 예능 프로그램에서 꼴불견 상사를 꼽은 일이 있다. 압도적인 1위는 '업무 배분을 제대로 못 하는 상사'였다. 업무 배분과 권한위임이 그만큼 쉽지 않다는 얘기이다.

팀장 교육을 할 때 다음과 같은 고충을 자주 듣는다. "우리 부서는 팀원 간의 갈등이 심합니다", "나이 많은 후임이 선임 직원들과 사이가 좋지 못해요", "경력직으로 새로 들어온 직원과 기존 직원 사이에 알력 다툼이 생겼습니다"…. 그런데 이는 단순한 인간관계의 갈등이 아니다.

대다수 팀 내의 잡음은 업무 배분과 권한위임을 명확히 함으로써 해소할 수 있다. 조직 내 갈등의 많은 부분이 R&R이 명확하지 않음으로써 생겨나는 경우가 많은 것이다. 누가 해도 좋지만 누구도 하지 않아도 되는 '회색지대'에 놓인 업무가 많을수록, 팀의 효율은 떨어지고 팀원 간에 불필요한 갈등이 생겨날 가능성이 커진다.

핵심은 팀장이 나서서 직접 원숭이들을 관리해서는 안 된다는 것! 팀원 각자의 능력과 헌신도 등을 판단해서 각자 감당할 수 있는 원숭이를 맡겨야 한다. 팀장은 누구에게 어떤 원숭이를 맡길지 결정하고, 원숭이를 키우는 사람, 즉 팀원이 그것을 잘 해내도록 관리하는 일을 해야 한다.

⚑ 어설픈 팀장이 아니라 다른DACN 팀장으로 변화하라

자, 팀이 성과를 올리기 위해 목표를 설정하고 팀원 각자의 역할과 범위를 정했다. 즉 누가 무엇을 해야 할지 분명히 했다. 그다음에 팀장은 무엇을 해야 할까? 즉 실행과 평가 단계에 팀장의 역할에 대해 알아보자.

③ 성과를 점검하고 관리한다(Check).

팀원 각자에게 골치 아픈 원숭이들을 맡겼다면, 이젠 맡겨진 원숭이들이 건강하게 잘 자라고 있는지 꾸준히 살펴야 한다. 팀원 각자에게 더욱 많은 권한과 책임을 부여하게 되면, 필연적으로 그에 따른 점검과 관리가 뒤따라야 하는 것이다. 팀장은 자기가 나서서 업무를 하기보다 팀원들이 제대로 과제를 달성할 수 있도록 돕는 데 본연의 임무가 있다.

이때 꼭 살펴야 할 두 가지가 있다. 하나는 팀원 개인이고, 또 다른 하나는 팀원들을 둘러싸고 있는 환경이나 시스템이다.

③-1-1 팀원에게 원숭이를 잘 키울 수 있는 역량이 있는가?

③-1-2 팀원이 목표달성을 위해 충분히 동기부여 되어 있는가?

③-1-3 함께 협업하는 동료들과 잘 지내고 있는가?

팀원을 둘러싼 환경과 시스템에 대해서는 다음과 같은 사항을 점검하고 관리해야 한다.

③-2-1 장비hardware는 적합하게 갖추어져 있는가?

③-2-2 업무 흐름에는 문제가 없는가? 막힌 곳은 없는가?

③-2-3 좋은 성과를 냈는데도 그것을 파악할 수 없는 시스템의 문제가 있지 않은가?

④ 영양을 제대로 공급해 양육한다(Nurture).

팀장의 중요한 업무 중 하나는 팀원들을 양육하고 성장시키는 것이다. 팀원에게 원숭이만 덜렁 맡겨 놓고 나 몰라라 내버려두는 팀장은 탁월한 팀장은커녕 결코 좋은 팀장이 될 수 없다.

각자에게 맡겨진 원숭이를 관리하는 것은 담당자, 즉 팀원이다. 팀장은 원숭이 자체가 아니라 그것을 관리하는 '팀원'을 제대로 살피고 도와야 한다. 그중 핵심인 것이 바로 팀원을 양육하고 성장시키는 일이다.

어떻게 하면 좋을까? 팀원을 양육하고 성장시키는 최적의 방법이 바로 '코칭coaching'이다. 어떤 이들은 늘 면밀히 방향을 제시하고 엄격히 명령함으로써 팀원을 성장시킨다. 어떤 이들은 세심하게 가르치고 알려줌으로써 팀원을 성장시킨다. 때로는 답을 정확히 알려줌으로써 팀원을 성장시킬 수도 있다. 하지만 팀원을 가장 크게 성장시키는 방법은 다름 아닌 '코칭'이다.

코칭 coaching - 스스로 성장하고자 하는 의지를 가진 사람, 즉 더 효과적으로 성과를 창출하고 싶은 사람에게 동기를 부여하고 스스로 문제를 해결하도록 돕는 활동.

팀장은 팀원이 문제를 스스로 해결하도록 적극적으로 도움으로써, 그들을 양육하고 성장시킬 수 있다.

팀장의 네 가지 업무는 ① 조직(팀)의 목표를 명확히 하는 것, ② 업무 배분과 권한위임을 명확히 하는 것, ③ 성과를 점검하고 관리하는 것, ④ 팀원에게 영양을 공급하고 성장하게 하는 것이다. 영어 이니셜로 D(Define), A(Assign), C(Check), N(Nurture), 즉 'DACN'이 된다. 이니셜을 발음나는 대로 읽으면 '다큰'이 된다. 어설픈 팀장이 아니라 다큰 팀장이 되는 것은 우리가 이 책을 읽고 도달하고자 하는 목표 지점들 중의 하나이다.

'다큰' 팀장 리더십은 팀의 성과를 올리는 팀장 본연의 업무를 제대로 하는 '탁월한 팀장'이 갖춰야 할 핵심업무라 하겠다.

팀을 꾸준히 성장하게 만드는 성과관리 프로세스

⚑ 관리자이자 코치로서의 팀장이라는 역할

팀장 교육을 한창 하던 중 참가자 한 분이 물었다.

"강사님, 팀장이라는 단어가 도대체 어느 나라 말입니까? 팀Team은 영어이고 장長은 한자이니, 정말 희한한 조합 아닌가요?"

깊이 생각해 본 적이 없는데, 듣고 보니 정말 독특한 조합이라는 생각이 든다. 영어에서 팀장은 팀의 매니저manager, 즉 관리자이다. 그런데 우리 말인 관리자로 그대로 옮기면 자칫 사사건건 감시하고 통제하는 권위적인 역할로 이해되기 쉽다. 딱딱하고 고지식한 느낌을 준다. '리더'라고 옮기면 좀 더 자유롭고 창의적인 느낌을 줄 것이다. 그런데 이 경우에는 뭔가를 이끌고 제시해야 한다는 부담감이 느껴진다. 팀장이라는 단어는 한국적 조합어이지만, 결과적으로 팀 리더이자 팀 관리자가 해야 할 역할을 포괄하면서도 부담 없는 느낌을 주고 다양한 역할을 담을 수 있다는 점에서 탁월한 조어가 아닌가 생각한다.

그런데 팀장이 팀을 이끄는 리더이면서 동시에 유능한 관리자라고 보는 편이 성과관리에 대해 이해하기가 더 쉬울지도 모른다. 관리자란 사실 매우 가치 중립적인 개념으로 팀장 혹은 부서장 등을 포괄한다. '나를 따르라!' 하고 자기식으로 모두를 이끌기보다는 구성원 각각이 제대로 가고 있는지 섬세하게 살피면서 필요할 때 도움을 주고 지원하며 때로 독려하는 것이 팀장의 임무이다. 팀장은 리더이고 관리자이며 코치라고 보는 시각이 적절할 듯싶다.

팀장의 업무는 팀의 성과를 높이는 것이고, 성과를 만들어 내는 사람은 팀의 구성원, 즉 팀원이다. 팀원이 없다면 성과 역시 만들어질 수 없다. 그러기에 팀장이 되었다면 팀원의 성과를 관리하는 일이 피할 수 없는 숙명인 셈이다.

⚑ 성과관리가 단순한 팀원 평가에 그쳐서는 곤란하다

성과관리Performance Management의 사전적 의미는 다음과 같다.

"성과관리는 조직 구성원들이 주어진 성과목표를 달성하도록 피드백과 역량 개발의 기회를 주면서 능동적으로 직무를 수행하도록 자극하는 관리 방법으로서, 인사평가제도와 연계하여 이루어진다."

- 출처: 네이버 지식백과

여기서 '인사평가'라는 키워드에 주목할 필요가 있다. 여전히 많은 조직에서 성과관리를 단순한 인사평가의 도구 정도로 인식하고 있는 게 현실이기 때문이다.

현장에서는 성과관리를 적극적인 의미로 확장하기보다는 여전히 성과평가Performance appraisal의 개념에 한정해서 이해하는 경우가 많은 것 같다. 그러나 성과관리는 성과평가를 포괄하는 훨씬 더 커다란 개념이다.

그런데도 여전히 성과관리와 성과평가가 거의 동일한 개념으로 사용된다는 것은 '성과평가'가 차지하는 비중이 그만큼 크기 때문일 것이다.

팀장이라면 성과관리에 전력을 다하는 것이 선택이 아닌 필수임을 누구라도 동의할 것이다. 그렇다면 성과관리의 궁극적인 목적이 단순한 평가에 있는 것이 아니라, 구성원 전체의 목표달성과 성장을 돕는 데 있다는 것을 명확히 인식해야 한다. 성과관리가 구성원의 등급을 매기는 연례행사 성격의 성과평가로 한정해 이해돼서는 곤란한 것이다.

팀장들에게 '성과관리에서 가장 고민스러운 부분이 무엇인가? 하고 물으면, 대부분 '평가'라고 답한다. 대다수 팀장이 성과관리의 핵심이 '평가'라고 생각한다. 그런데 팀원에 대한 일상적인 성과관리를 이어가면서 총체적이고 입체적인 이해를 하지 않는다면, 팀원의 성과를 올바르게 평가하는 일 역시 쉽지 않다. 또한 팀원의 성과를 제대로 평가했다고 해서, 곧바로 팀의 성과가 증대된다는 보장도 없다.

그러기에 더욱 중요한 것은 성과를 창출하게 하는 '프로세스'를 명확히 하고, 이것이 체계적이고 신뢰할 만하며 꾸준히 실행되도록 만드는 것이다. 성과관리 프로세스는 일반적으로 목표관리, 과정관리, 평가관리, 평가 후 활용 등으로 구성된다.

⚑ 성과관리라는 전체 프로세스에 따라서 팀을 경영하라

성과관리의 구루guru 딕 그로테Dick Grote는 성과관리의 4단계를 제시한 바 있다. 각 단계를 중심으로 팀장이 수행해야 하는 '성과관리 프로세스'에 대한 이해를 높여보도록 하자.

① 성과계획(Performance Planning) 단계

한 기期가 시작되면 팀장은 팀원과 성과계획 미팅을 갖는다. 미팅을 통해서 해당 기간에 개인이 달성해야 할 업무(주요 직무 책임, 수행할 목표 및 프로젝트), 직무 수행 방법(조직이 구성원에게 기대하는 행위와 역량), 개인 계발 계획 등을 논의한다.

즉 앞서 살펴보았던 팀장의 4대 업무 중 '목표설정'과 '역할 분담'에 해당하는 일이다. 팀장은 해당 기간에 팀원에게 기대하는 바와 요구사항, 목표를 명확히 해야 한다. 또한 그것을 달성하기 위해 팀원이 해야 할 핵심업무와 수행 방법, 그것을 위해 키워야 할 핵심역량 등에 대해 서로의 생각을 공유해야만 한다.

목표와 역할이 분명하지 않으면 어디로 가야 하며 그를 위해 무엇을 해야 할지가 명확하게 확립되지 않는다. 팀장이 이에 대해 명확히 제시하고 소통해야만, 팀원 역시 자기가 할 일을 분명히 이해할 수 있다. 이 과정이 잘 진행되지 않는다면, 자칫 팀원은 전혀 논의되지 않은 엉뚱한 목표를 향해 노력하게 될 수도 있으며, 그 결과 팀장은 성과를 적절하게 평가할 수 없게 된다.

이 단계에서 팀장은 다음 체크리스트를 바탕으로 성과계획을 하고 팀원과 이를 공유한다.

□ 조직의 사명선언문 또는 비전과 가치, 그리고 팀장이 소속된 부서의 목표를 확인한다.

□ 개인의 직무기술서를 통해 해당 기에 달성해야 할 목표와 대상을 확인한다.

□ 직무 수행에 필요한 개인의 핵심역량을 파악한다.

□ 성공적인 성과라고 생각하는 기준을 정한다.

□ 핵심역량, 주요 책임, 목표에 대해서 팀원 개인과 협의한다.

□ 팀원 개인의 계발 계획에 대해 토론함으로써 합의에 도달한다.

② 성과수행(Performance Execution) 단계

성과와 관련한 업무 계획을 다 세웠다면, 이제 계획을 실행하는 단계로 넘어간다.

팀원은 목표와 주요 직무책임을 달성하기 위해서 세부적인 업무를 수행한다. 팀장은 팀원이 성과 달성에 성공할 수 있도록 적절한 조언을 하거나 피드백을 제공한다. 동기를 부여하고 적절한 업무 환경을 조성하는 것 역시 팀장의 역할이다.

한 기의 절반이나 분기 정도의 간격으로 팀장과 팀원이 면담을 통해 애초에 정했던 계획과 목표를 중간 점검하면서 업무 진척도를 확인한다. 효과적인 성과관리 프로세스 속에서 성과수행을 한다는 것은 모든 업무가 정상적으로 추진되고 있다는 것을 연속해서 확인하는 중간 점검 과정까지 포함하게 된다.

이 과정에서 팀장은 두 가지 대표적인 책임을 수행한다.

②-1 팀원들이 탁월한 수준으로 업무를 수행하도록 동기를 부여하
   는 것.
②-2 성과수행 과정에서 문제가 발생했을 때 함께 해결하는 것.

그 외에도 팀장은 다음과 같은 체크리스트를 바탕으로 자신
이 해야 할 일을 수행하고 팀원과 공유한다.

☐ 업무기록을 보관한다.
☐ 상황 변화에 따라 목표를 갱신한다.
☐ 성공적인 성과수행을 위해 피드백과 코칭을 제공한다.
☐ 자기 계발 경험과 기회를 제공한다.
☐ 효과적인 행동을 강화한다.
☐ 중간 업무 평가 미팅을 한다.

⚑ 성과관리 프로세스를 따랐다면 평가 역시 어렵지 않다

한 기 동안 성과계획과 그에 따른 성과수행이 잘 이루어졌다
면, 한 기를 마무리하면서 이루어지는 성과에 대한 평가 역시
원활하게 이루어질 수 있다. 앞에서 성과관리가 단순한 성과평
가에 머물러서는 안 된다고 이야기했는데, 꾸준히 성과관리가

되었다면 평가 역시 그 과정의 일환으로 이어져야 한다는 의미이다. 이어서 성과관리 프로세스의 3, 4단계에 대해 살펴보자.

③ 성과측정(Performance Assessment) 단계

한 기가 마무리되어 가면서, 팀장은 팀원이 얼마나 업무를 잘 수행했는지 조직의 평가 기준에 따라 측정한다. 대다수 조직에서는 측정의 엄정함을 판단하기 위해 팀장의 상사가 평가표를 다시 검토하고 승인하는 절차를 거치게 된다.

팀원이 수행한 성과를 바탕으로 다음 기의 임금이나 보상이 조정될 수 있다. 이는 4단계까지 거침으로써 확정되기도 한다.

성과측정 단계에서 팀장은 다음과 같은 체크리스트를 바탕으로 자신의 책임을 이행한다.

□ 역량, 목표, 목적, 핵심 책임을 기술한 기록 노트(레코드)를 확인한다.

□ 팀원이 작성한 성과목록과 팀장의 평가 내용을 비교해서 검토한다.

□ 팀원의 성과에 대한 최종 평가를 준비한다.

□ 평가 기준에 따라서 공식적인 성과평가 내용을 작성한다.

□ 다음 기간을 위해 팀원의 주요 직무책임, 목표, 역량, 계발 계획에 수정이 필요한지 결정한다.

□ 성과점검 미팅을 준비한다.

④ 성과점검(Performance Review) 단계

효과적인 성과관리 프로세스의 최종단계는 바로 성과점검이다. 성과점검 미팅을 함으로써 하나의 성과관리 프로세스가 종료되며, 이와 동시에 다음 기의 성과관리 프로세스가 새롭게 시작하게 된다.

지난 한 기에 팀원이 얼마나 과업을 잘 해냈는지 이야기하는 단계이다. 팀장과 팀원 각자가 작성한 평가표 등을 근거로 지난 한 기 동안 잘된 점과 잘못된 점 등을 살피고, 다음 기에 어떻게 하면 좋을지에 대한 면담도 하게 된다.

성과점검 단계에서 팀장은 다음 체크리스트에 따라 자신의 책임은 수행한다.

☐ 면담 일정표를 점검한다.

☐ 팀장이 작성한 성과평가와 팀원의 성과목록을 점검하고 논의한다.

☐ 팀원의 의견과 피드백을 듣고 적절하게 대응한다.

☐ 성과수행 주기 동안 달성한 팀원의 '목표 대비 성과'에 대해 논의한다. 이때는 강점, 약점, 앞으로 필요한 계발역량 등까지 함께 논의한다.

☐ 팀원이 핵심 메시지를 충분히 이해하고 있는지 확인한다.

☐ 다음 기간을 위한 성과계획 미팅 일정을 수립하면서 성과점검 미팅을 마무리한다.

'성과 중심의 조직문화'란 무엇일까? 막연히 실적이나 수치에만 치중하기보다 애초에 설정한 목표에 도달하기 위해, 과감한 도전과제 즉 조직이 다루기 힘들어하지만, 꼭 해야만 하는 원숭이들을 설정해서 팀원 각자가 돌파함으로써 강점은 살리고 약점은 극복하면서 성장하는 조직이다.

이러한 조직에서는 성과점검을 통해 더욱 진취적인 목표를 세워나간다. 또한 '성과가 있는 곳에 보상이 있다.'라는 원칙이 지켜지도록, 창출한 성과에 걸맞은 승진, 육성, 이동, 해고 등 후속 활용이 이어진다. 이런 조직일수록 정체되지 않고 더욱 발전해 나갈 수 있는 것이다.

성과관리 프로세스는 조직 구성원 모두가 성과목표를 달성하도록 피드백과 역량 개발의 기회를 주면서 능동적으로 직무를 수행하도록 자극하는 관리 방법이다. '성과계획-성과수행-성과측정-성과점검'의 프로세스가 연속적으로 이루어짐으로써, 팀장은 꾸준히 팀원과 소통하며 성과목표를 달성해 가게 되는 것이다.

책임을 묻는 성과관리 vs. 성장을 꾀하는 성과관리

ᴾ 성과관리 패러다임에 변화가 필요한 이유

팀의 성과를 올리는 것이 팀장의 과제라고 여러 번 강조했는데, 좋든 싫든 팀장이 되었다면, 팀원에 대한 성과관리는 필수적으로 수행해야 할 역할이다.

현재와 같이 체계화된 성과관리는 제2차 세계대전 중에 미국 육군이 개발한 '인사고과' 시스템에서 그 뿌리를 찾을 수 있다. 전쟁 중 군인들의 승진과 병과 이동 등을 위해 성과가 뛰어나거나 저조한 군인들을 선별하고 이들을 적절하게 재배치하며 제대 군인 등을 관리하기 위해 개발된 시스템이다. 인사고과 시스템으로 체계화된 이러한 성과관리는 '평가' 자체에 방점이 찍히게 되었다. 따라서 이후 필요성이 생겨난 좀 더 큰 개념의 성과관리와는 조금은 궤를 달리한다.

성과관리의 패러다임은 '책임accountability 중심'이냐 '성장development 중심'이냐로 크게 나뉜다.

인력이 풍부할 때는 누구를 내보내고 남길 것인가, 누구에게 승진과 보상을 얼마나 할 것인가에 초점이 맞춰졌다. 다시 말해 구성원의 '책임'에 초점을 둔 성과관리 방법론이 주축이 된다. 이를 책임주의 성과관리라고 한다.

그런데 오늘날처럼 좋은 인력을 구하기가 점점 힘들어지고, 조직에 속한 구성원에게 꾸준한 동기부여가 이뤄져야 하는 상황에서는 관점이 바뀐다. 즉 구성원의 책임보다는 '성장'에 초점을 둘 수밖에 없는 것이다. 이를 성장주의 성과관리라고 한다.

역사적으로 성과관리의 대세는 책임 중심이었다. 피터 카펠리Peter Cappeli와 안나 타비스Anna Tavis가 〈하버드 비즈니스 리뷰〉에 기고한 바에 따르면, '책임 중심의 성과관리 시스템'이 강력하게 자리 잡게 된 것은 다음과 같은 3가지 시대적 흐름 때문이었다.

첫째, 경영의 아버지라 불리는 잭 웰치Jack Welch가 1981년 GE의 최고경영자가 되면서 도입한 강제 등급 시스템으로부터 비롯되었다. 앞서 제2차 세계대전 때 미 육군에서 수립한 인사고과 시스템을 그대로 들여온 것이다. 그런데 이 시스템은 성과가 뛰어나거나 저조한 인력을 식별하는 데 사용될 뿐, 개인의 역량을 입체적으로 측정해서 성장시키기 위한 용도는 아니었다. 보상을 줄 A급, 어중간한 B급, 내보내야 할 C급으로 구성원을 철저히 구별했고, A급에게만 차별화된 승진과 보상의 기회를 줌으로써 단기적인 성과를 높이는 데 주력한 시스템이다. 그 결과 GE의 성과는 눈에 띄게 좋아졌다. 이후로 잭 웰치의 경영방식은 여러 기업의 벤치마킹 대상이 되었고, 너도나도 GE의 강제 등급 시스템을 도입하게 된 것이다.

둘째, 1993년 미국 세법 개정으로 급여가 아닌 성과급으로 보상의 상당액을 지급하게 된 것과도 관계가 있다. 기업이 임원에게 많은 급여를 제공하면 거기에는 높은 세금이 부과되었지만, 성과급에 대해서는 세제 혜택을 준 것이 원인이다. 세제안 개편은 기업 경영진에 대한 성과급 지급을 유행처럼 번지게 했다. 이런 변화가 미국 기업 전반으로 확산하면서 중간관리자나 구성원에게까지 급여보다는 성과급을 지급하도록 하는 체계가 더욱 강화되었다. 이를 위해 성과관리 시스템 역시 책임 중심의 평가 과정에 더욱 의존하게 되었다.

셋째, 1990년 후반부터의 인재 확보 전쟁도 영향을 미쳤다. 세계적인 컨설팅 기업 맥킨지Mckinsey에서 불기 시작한 이 바람은 세계 유수 기업들로 확대되었다. 우리나라 삼성전자 역시 '1명의 인재가 만 명을 먹여 살린다!'라는 캐치프레이즈가 등장할 정도로 인재 확보에 사활을 걸었다. 뛰어난 인재란 이미 만들어져 있는 존재들이며, 이들을 확보하는 것이야말로 기업의 미래 경쟁력에 필수적이라는 사고방식이 바탕에 깔려 있다. 이들을 찾아 누구보다 먼저 채용하고 막대한 보상을 제공함으로써 유지하는 것. 이러한 목표하에서 성과관리 역시 책임 중심으로 상당히 이동하게 되었다. 2000년대 초반까지도 기업 대부분은 직원에게 책임을 지우고 성과금을 할당하기 위해 성과관리 제도를 운용하는 데 치중한 셈이다.

⚑ 확장된 개념의 성과관리로 조직을 건강하게 키운다

성과관리 패러다임은 책임 중심에서 성장 중심으로 바뀌기 시작했다. 책임 중심 성과관리 시스템에서 심각한 결함을 발견했기 때문이다.

2001년에 GE에서 잭 웰치가 떠난 후, 2005년 이들은 강제 등급 시스템을 폐기하기에 이른다. 불필요한 내부경쟁을 심화하고 협력을 해친다는 이유다. 20년 이상 직원들을 서로 비교하고 등급을 매기며 그에 따라 승진과 보상을 제공하는 방식을 실행했지만, 그 효과나 효율성에서 의문을 품을 수밖에 없음을 깨닫게 된 것이다.

이 시기를 경계로 실적에 대한 구성원의 '책임'을 강조하는 분위기는 점차 쇠퇴하기 시작한다. 제4차 산업혁명이 본격화하고 MZ세대가 등장하고 코로나19 팬데믹 등을 겪으면서, 책임 중심의 성과관리 패러다임의 쇠퇴는 더욱 가속도가 붙었다.

이제 크고 작은 기업이나 공공기관에서 팀제가 본격화되었다. 그런데 개인 책임 위주의 성과평가와 보상 시스템이 오히려 팀 전체의 성과에는 부정적인 영향을 미친다는 우려가 더욱 거세졌다. 노동시장이 경직되고 좋은 인력을 붙잡아 두는 것이 더욱 중요해지면서, 기업은 직원을 떠나게 하는 요인을 제거하고 동기부여를 할 수 있는 요소를 찾는 데 노력을 기울이기 시작했다. 그러려면 구성원 개개인의 책임을 강조하는 것을 벗어나서, 성장과 발전을 도와 내부적으로 훌륭한 인재를 성장시키는 진취적인 성과관리 시스템으로의 전환이 절실하다.

기업의 이익이 축소되면서 평가를 통해 성과급을 지급하는 방식을 유지할 예산이 부족해진 상황 역시 변화에 한몫하게 된다. 즉 성과관리 패러다임이 책임 중심에서 성장 중심으로 변화하게 된 것이다. 구성원의 성장이 기업이나 조직 성장의 중요한 요소가 되고, 구성원의 성장을 돕기 위한 코칭이나 피드백, 조언, 조치 등은 팀장의 '필수 장착 아이템'이 되었다.

성과관리는 책임과 성장이라는 두 개의 축으로 서로 경쟁하며, 좋은 점을 따라 하면서 발전해 왔다고 생각한다. 책임주의나 성장주의 모두 시대상을 반영하고 있다. 제한된 몫을 나누고 보상을 차별화해야 하는 시대에는 책임주의가 적합한 성과관리 방식이었다면, 내적 동기를 강화하고 보상만으로 부족한 동기부여 방법을 찾아야 하는 시대에는 성장주의가 적합한 방식이 되었다.

이제 우리는 책임주의 성과관리에서 장점을 발췌해 활용하면서, 성장주의 성과관리라는 큰 축을 중심으로 팀을 운영해야 하는 시대를 맞이하게 되었다.

변화하는 조직에 걸맞은 최신의 성과관리 트렌드

🚩 성과관리 성패의 열쇠는 팀장 리더십에 있다

책임주의 성과관리가 갖는 장점만 취하면서도 '성장주의'라는 새로이 변화하는 패러다임을 중심으로 성과관리가 이루어져야 하는 시대이다.

성과관리에 불어오는 최신 트렌드를 구체적으로 살펴봄으로써 팀장이 수행해야 하는 역할에 대해 다시금 확인해 보고자 한다.

① '목표의 유연성'이 더욱 커지는 추세이다.

전통적인 성과관리에서는 주로 연간 혹은 반기에 맞춰 고정된 목표가 설정되고, 이를 평가의 기준으로 사용했다.

하지만 최근 들어 변화무쌍한 환경 그리고 빠르게 변화하는 비즈니스 요구에 맞춰 목표를 새로이 설정하고 그에 따라 업무의 역동성을 높이는 일이 필요해졌다.

즉 목표를 급변하는 경영환경에 맞춰 유연하게 바꾸는 현명함이 요구된다. 목표는 필요에 따라 빠르게 조정·보완되며, 그에 따라 성과평가 역시 매우 빠르고 다양한 방식으로 진행된다.

이렇듯 목표설정이 유연해지면서 성과를 측정하는 지표 역시 다양해져서 개인의 기여를 여러 측면으로 인정하고 강조하기에 이르렀다.

전통적인 성과관리가 주로 수치화된 업무성과(정량평가)에 중점을 두었다면, 유연한 목표설정에 따른 평가에는 팀 협력, 리더십 역량, 창의성, 문제해결 등 수치화할 수 없는 부분(정성평가)까지도 중요하게 다루게 된다.

② '실시간 코칭과 피드백'이 더욱 중요해졌다.

이 역시 기업이 처한 환경의 급격한 변화와 연관이 있다. 급변하는 기업환경에서 연간 혹은 반기라는 기존 성과평가 주기로는 발 빠르게 대응하기가 힘들다. 구성원이 변화에 신속하게 대응하고, 수시로 바뀌는 대응을 해내기 위해서는 성장과 발전이 필수적이다. 그러므로 이를 지원하는 방법으로서 '실시간 코칭과 피드백'이 무엇보다 강조된다.

이는 새롭게 등장한 MZ세대의 특징과도 관련이 있다. 한 컨설팅회사가 조사한 바에 따르면, MZ세대는 자신의 성장과 발전을 위해 상사나 동료로부터 수시로 피드백 받는 것을 좋아한다. 자기 일에 전문성을 갖기를 원하며, 일에서 성공하기를 원하는 이들의 세대 특징을 반영한 결과로 보인다. 실시간 코칭과 피드백은 단순한 평가를 넘어 지속적인 학습과 개발을 강조한다.

이는 구성원들이 더 높은 수준의 역량을 개발하고 지속적으로 성장할 수 있도록 돕는다. 1:1을 기반으로 하는 실시간 피드백이야말로 오늘날 기업과 리더에게 필수적 방법론으로 자리잡아가고 있는 것이다.

③ '관리자(팀장)의 권한'이 점점 더 강화되고 있다.

최신 성과관리 경향은 '단위 조직 관리자의 권한이 강화되는 추세'라는 점이 특징이다. 팀 내 평가 등급을 결정하거나 그와 연계된 보상과 연계된 의사결정을 내리는 데도 팀장의 역할이 커지고 있다. 변화하는 기업환경에서 목표설정을 유연하게 하고 실시간으로 팀원에게 코칭과 피드백을 하는 등은 모두 관리자의 역할이다. 이들의 권한이 더욱 확대될 수밖에 없음은 자명하다.

목표달성을 위해 팀원들과 수시로 꾸준히 소통하면서 팀을 이끌려면, 당연히 팀원에 대한 평가와 보상 측면에서도 팀장이 그에 걸맞은 역할과 지분을 갖는 것이 맞다.

세계적인 인터넷 쇼핑몰 이베이Ebay는 조직의 리더 전원을 코치로서의 리더Leader as Coach 프로그램에 참여시켜서 수개월에 걸쳐 집중적으로 훈련하는 것으로 유명하다. IBM에는 리더십 개발 프로그램Leadership Development Programs이 있으며, 마이크로소 프트Microsoft는 관리자 엑셀런스 프로그램Manager Excellence Program 을 운영함으로써 리더를 선발하고 훈련하는 데 막대한 예산을 투입하고 있다.

'관리자의 탁월한 리더십'이 더욱 요구되고 있음을 보여주고 있는 다양한 세계적 흐름이라 하겠다.

성과관리의 핵심은 팀장이며, 팀장의 리더십은 성과관리 성 패에 막강한 영향력을 끼친다고 할 수 있다.

⚑ 구글이 밝혀낸 '탁월한 리더십을 갖춘 팀장의 조건'

탁월한 역량을 갖춘 글로벌 인재의 산실인 구글Google의 인재 육성 부서인 피플 애널리틱People Analytic은 일찍이 2008년 관리 자가 어떤 역할을 하고 조직에 어느 정도 영향을 미치는지 연구하기 위해 '프로젝트 옥시젼Project Oxygen'이라는 프로그램을 진행한 바 있다.

이들의 연구 주제는 '구글에서 관리자가 중요한가Do managers matter?' 하는 것이었다.

연구팀은 프로젝트를 수행한 결과, 관리자의 뛰어난 자질이야말로 좋은 구성원을 유지하는 일에서부터 직원들의 직무만족도와 성과 등을 높이는 데 매우 유의미한 역할을 한다는 것을 발견했다.

점수가 높은 관리자와 일하는 구성원은 행복감이 높고 퇴사율도 낮았다. 관리자의 연차나 성별 같은 요소보다는 그들의 가진 자질과 역량이 팀원의 성취도나 퇴사율 등과 더욱 강력한 상관관계를 갖는다는 점이 밝혀진 것이다.

탁월한 관리자가 이끄는 팀은 성과도 더 높았고, 구성원의 몰입도 조사에서도 높은 점수를 받았다.

생산성 상위 25%와 하위 25%를 나누는 결정적 차이는 '관리자(팀장)의 탁월한 리더십'임이 도출됐으며, 연구 결과에 따라 '탁월한 리더가 가져야 8가지 조건'을 다음과 같이 정리했다.

구글이 말하는
'탁월한 리더가 가져야 8가지 조건'

---

① 좋은 코치가 되어준다.
Is a good coach.

② 팀에 권한을 위임하며 세세히
간섭(마이크로매니징)하지 않는다.
Empowers team and does not micromanage.

③ 직원들의 성공과 행복에 관심을 기울인다.
Showing concern for success and well-being.

④ 생산적이며 결과 중심적이다.
Is productive and results-oriented.

⑤ 의사소통을 잘하며 경청하고 공유한다.
Is a good communicator-listens and shares information.

⑥ 팀원의 경력 개발을 돕고 성과를 토론한다.
Supports career development and discussed performance.

⑦ 팀에게 명확한 비전·전략을 제시한다.
Has a clear vision/strategy for the team.

⑧ 팀에 조력과 조언을 할 핵심 기술·역량이 있다.
Has key technical skills to help advise the team.

요약하자면, 탁월한 리더가 갖춰야 할 첫째 조건은 바로 '좋은 코치'가 되는 것이다. ②부터 ⑧까지 항목은 모두 ①의 하위 개념이 될 수 있을 것 같다. 그만큼 성과창출에서 중간관리자, 매니저, 팀장 등의 리더십, 특히 '코치의 역할을 해 내는 리더십'이 결정적 역할을 하고 있음을 알게 된다.

앞서 설명한 성과관리 패러다임의 변화에서부터 구글을 위시한 세계적 기업이 원하는 팀장의 역할을 고려할 때, 앞으로 성과창출의 핵심은 바로 '코칭'에 있다. 탁월한 성과를 내는 상위 25%와 그렇지 못한 하위 25%를 나누는 결정적인 조건은 관리자 즉 팀장의 리더십이고, 팀장 리더십의 성패는 '코칭적 역할'을 제대로 수행하느냐에 달려 있다고 해도 과언이 아니다. 다음 장에서는 코치로서 팀장의 역할에 대해 살펴보도록 하자.

성과관리 프로세스에서
팀장의 확인사항

① 성과계획(Performance Planning)

☐ 조직의 사명선언문 또는 비전과 가치, 그리고 팀장이 소속된 부서의 목표를 확인한다.

☐ 개인의 직무기술서를 통해 해당 기에 달성해야 할 목표와 대상을 확인한다.

☐ 직무 수행에 필요한 개인의 핵심역량을 파악한다.

☐ 성공적인 성과라고 생각하는 기준을 정한다.

☐ 핵심역량, 주요 책임, 목표에 대해서 팀원 개인과 협의한다.

☐ 팀원 개인의 계발 계획에 대해 토론함으로써 합의에 도달한다.

② 성과수행(Performance Execution)

☐ 업무기록을 보관한다.

☐ 상황 변화에 따라 목표를 갱신한다.

☐ 성공적인 성과수행을 위해 피드백과 코칭을 제공한다.

☐ 자기 계발 경험과 기회를 제공한다.

☐ 효과적인 행동을 강화한다.

☐ 중간 업무 평가 미팅을 한다.

③ 성과측정(Performance Assessment)

☐ 역량, 목표, 목적, 핵심 책임을 기술한 기록 노트(레코드)를 확인한다.

☐ 팀원이 작성한 성과목록과 팀장의 평가 내용을 비교해서 검토한다.

☐ 팀원의 성과에 대한 최종 평가를 준비한다.

☐ 평가 기준에 따라서 공식적인 성과평가 내용을 작성한다.

☐ 다음 기간을 위해 팀원의 주요 직무책임, 목표, 역량, 계발 계획에 수정이
　필요한지 결정한다.

☐ 성과점검 미팅을 준비한다.

④ 성과점검(Performance Review)

☐ 면담 일정표를 점검한다.

☐ 팀장이 작성한 성과평가와 팀원의 성과목록을 점검하고 논의한다.

☐ 팀원의 의견과 피드백을 듣고 적절하게 대응한다.

☐ 성과수행 주기 동안 달성한 팀원의 '목표 대비 성과'에 대해 논의한다. 이
　때는 강점, 약점, 앞으로 필요한 계발역량 등까지 함께 논의한다.

☐ 팀원이 핵심 메시지를 충분히 이해하고 있는지 확인한다.

☐ 다음 기간을 위한 성과계획 미팅 일정을 수립하면서 성과점검 미팅을 마
　무리한다.

ONE-ON-ONE
PERFORMAN
CE REVIEW

제2장

성과면담을 잘하고 싶다면
심판이 아닌 코치가 되어라

FOR TEAM
LEADERS

성과를 높이는
최고의 팀장 리더십, '코칭'

지금 당신은 어떤 유형의 리더인가?

전체를 100%라고 할 때, 당신이 팀을 리드하는 방식에 해당하는 각각의 항목에 비중을 할애해 보자.

① "이렇게 해!" 지시하는 명령가 스타일   [   ]퍼센트

② "나를 따르라!" 모범을 보이는 영웅 스타일   [   ]퍼센트

③ "이럴 땐 이렇게…" 친절하게 가르치는 선생님 스타일
                                                   [   ]퍼센트

④ "책임지고 해봐, 나도 도울게." 위임하고 지원하는
    코치 스타일   [   ]퍼센트

명령가, 영웅, 선생님, 코치… 이는 리더십을 구성하는 대표적인 4가지 유형(※출처: 아시아코치센터)이다.

문항에 대해 답을 해 보자. 팀장으로서 당신은 어떤 리더 스타일을 갖고 있는가?

당신의 경우 각각의 비율은 어떻게 도출되었는가? 또한 어떤 구성 비율이 가장 이상적이라고 생각하는가? 자신의 현재 리더십 스타일이 팀의 성과를 올리는 데 적합하다고 생각하는가?

거두절미하고 가장 바람직하다고 평가되는 비율을 살펴보자. 의외일지 모르지만, '명령가 10%, 선생님 10%, 코치 80%'가 가장 이상적인 비율이라고 한다.

과거에는 어땠을지 모르지만, 오늘날 영웅 스타일은 별로 권하지 않는 스타일이다. 영웅 스타일이 예전에는 선호되었을지 모르지만, 이제는 성과를 높이는 데 거의 효과가 없다고 판단한 것 같다.

아울러 코치 스타일을 '70%에서 80%까지 확대'하라는 것이 최신의 팀장 리더십 가이드라인이다. 결론적으로 바람직한 리더, 팀의 성과를 올리는 팀장이 되고자 한다면, '코치' 역할의 비중을 상당 수준 이상으로 키워야 하는 것이다.

1960년대는 일명 보스Boss의 시대였다. 일부의 리더만이 배움의 기회를 가질 수 있었던 환경이었기에, 이들 소수의 리더가 이끌고 앞장서서 가르치고 훈련하는 게 당연시되었다. 카리스마 넘치는 보스가 명령하면 직원들은 그에 복종하는 일방통행식의 커뮤니케이션이 일반적이었다.

1980년대와 1990년대는 전형적인 중간관리자Middle Manager의 시대이다. 합리적이고 과학적인 관리 시스템을 중시하게 되면서, 상부의 지시를 하달하고 현장의 문제를 해결하면서 거대한 조직을 매끄럽게 관리하는 파이프라인의 허리 역할이 주목받았다.

그런데 이제 바야흐로 코칭Coaching의 시대이다. 조직이 수평화되고 자율과 책임, 창의적인 조직문화가 강조되는 제4차 산업혁명 시대에는 이전과는 전혀 다른 리더의 모습이 절실해졌다. 즉 구성원 각자가 책임지고 자기 일을 해내도록 위임하면서, 적절한 타이밍에 도와주고 격려하는 '코치형 리더'가 필요해진 것이다.

⚐ 바람직한 리더로서의 '코치'는 어떻게 팀을 운영할까?

'코치' 하면 무엇이 떠오르는가? 스포츠 경기에서 선수들과 가까이 호흡하면서 최고의 기량을 발휘할 수 있도록 돕는 사람이 생각날 것이다. 프로팀이라면 구단주도 있고 감독도 있지만, 이들보다 선수와 더욱 밀착되어 절대적인 영향력을 끼치는 사람이 바로 코치이다.

코치는 무슨 일을 할까? 선수가 어떤 상태인지 관찰하고, 적절한 시기에 필요한 질문을 던지거나 선수의 말을 잘 경청함으로써 강점과 약점을 찾아낸다. 끊임없이 지지하고 격려함으로써 선수 스스로가 자신의 문제를 해결하고 목표를 이루도록 돕는다. 코치가 선수 대신 뛰거나 선수에게 강제하는 일은 거의 없다. 코치의 목표는 선수 자신이 스스로 챔피언이 되도록 돕는 것이기 때문이다.

코치는 선수가 스스로 문제를 해결하고 목표를 이루어 낼 수 있는 원천을 소유하고 있다고 믿기 때문에, 선수 스스로가 전략과 해결책을 찾도록 자극하고 도움을 준다.

코치는 일방적으로 지식과 정보를 전달하고 해답을 알려주거나 설명하는 선생님이 아니다. 오히려 선수 스스로 답을 찾을 수 있도록 자극하고 도움을 준다. 코치는 전문지식을 가지고 현상을 분석해서 선수에게 최적의 해결책을 제공하는 컨설턴트도 아니다. 선수가 스스로 현상을 직시할 수 있도록 안내경을 제공하는 역할을 한다.

코치는 성공한 자신을 따라 하라고 권장하는 멘토와도 다르다. 코치는 선수 스스로 자신이 가진 최적의 가치를 발휘하도록 격려하고 함께 뛰는 '동반자'에 가깝다.

코치의 동명사형인 '코칭coaching'에 대한 정의를 살펴봄으로써, 코치로서 팀장이 해야 할 역할에 대한 힌트를 얻을 수 있다.

코칭 coaching: 구성원에게 목표를 이루어 낼 수 있도록 동기를 부여하고 스스로 문제를 발견하고 해결점을 찾게 하며, 그들이 스스로 도달할 행복한 미래를 설계하고 그것을 위해 행동하도록 책임을 만들어 주고 지원해 주는 코치의 행동

현장에서 함께 하면서 팀원이 현재 갖고 있는 문제점을 스스로 인식해 해결해 감으로써 목표를 달성하도록 돕는 '팀장의 활동'이야말로 대표적인 코칭이라고 할 수 있다.

국제코치연맹 ICF, International Coach Federation 은 다음과 같은 코칭 철학을 표방한다.

인간은 누구나 스스로 온전하고 Wholistic
해답을 갖고 있으며 Resourceful
창의적인 Creative 존재이다.

너무도 멋진 철학이 아닐 수 없다. 이것이야말로 코치가 가져야 할 인간에 대한 믿음이다. 누구나 스스로 문제를 해결할 수 있는 온전한 답을 갖고 있으며 창의적인 존재라는 것이다.

팀원이 문제에 봉착해 어려움을 겪고 있다고 하자. 그것은 팀

원의 자질과 역량이 모자라고 부족하기보다는 어떤 이유로든 자신 안에 있는 해결책을 찾아내지 못하고 있거나 창의성이 눌려 있어서 그런 것인지 모른다.

어떤 면에서는 팀장인 나 자신이 코치로서 팀원의 자발성과 가능성을 끌어내지 못하는 것은 아닌지 생각해 볼 필요가 있다. 충분히 기다리면서 팀원 스스로 성장과 발전을 하도록 도왔는가?

적절한 자원을 지원하고 해결하도록 독려하기보다, 팀장이 원하는 답을 얻어내기 위해 일방적으로 지시하거나 내가 가진 답을 알려주고 강요한 것은 아닌가?

팀원의 문제가 크게 존재한다면 팀장의 코칭 역할이 제대로 수행되지 못한 것은 아닌가 돌아볼 필요가 있다.

좋은 코치가 절대 하지 않는 몇 가지 행동

팀장 교육을 하면서 참가자들에게 이렇게 물어보곤 한다.

"혹시 코칭의 반대말이 무어라고 생각하시나요?"

그러면 여러 답이 나온다. 팀장으로서 스스로 버려야 하는 요소에 대한 반성이 담겨 있다. '지시', '권위적인 태도', '가르치려 드는 것', '조급함'… 모두 타당한 답변들이다.

그런데 나는 코칭의 가장 정확한 반대말은 '해답을 알려주는 것'이라고 생각한다.

코칭에는 답을 알려주는 것이 포함될 수 없다. 팀원이 답을 짐작할 수 있도록 보여주거나 방향을 가리키는 것이 때론 필요할 수는 있지만 역시 올바른 코칭이 되기 어렵다.

물론 팀원을 성장시키는 위해서는 코칭이라는 방법론 하나만으로는 부족하다. 때론 지시해야 할 때도 있고, 때론 가르쳐야 할 때도 있다. 하지만 궁극적으로 팀원을 성장시키는 최적의 방법은 코칭이다. 올바른 코칭은 상대방이 스스로 답을 찾도록 기다리고 이끌어 주는 것이다. '어떻게 이끌어 줄 것인가?' 하는 주제에 대해서는 뒤에서 좀 더 자세히 살펴볼 것이다.

코칭은 '지시가 아닌 협력에 의해서' 동기부여를 하는 것이다. 복종이 아니라 이해하도록 만드는 것이다. 코칭은 팀원 스스로가 자신을 도울 수 있도록 옆에서 돕는 것이다.

오른쪽 문항을 읽고 코칭의 개념에 대해 생각해 보자.

다음 문항이 코칭에 해당하면 O, 해당하지 않으면 X 표시를 해 보자.

① 대화하는 스타일과 분위기가 질책과 윽박지름에 가깝다. ( )

② 팀원의 잠재 능력을 신뢰한다. ( )

③ 팀장과 팀원이 말하기 비율은 7:3이다. ( )

④ 해답을 내는 사람은 팀장이다. ( )

⑤ 팀원의 문제해결 능력이 향상되고 성장하고 발전한다. ( )

⑥ 실제 행동하는 사람은 팀장이다. ( )

⑦ 가급적 팀원이 많이 듣도록 한다. ( )

⑧ 팀원이 모르는 것은 가급적 가르치는 것이 좋다. ( )

⑨ 팀원이 스스로 문제와 해결책을 찾도록 기다려 준다. ( )

⑩ 팀장이 지시하는 대로 따르는 편이 효율적이다. ( )

정답: X O X X O X X O X

　

해답은 내는 사람은 팀장이 아닌 팀원이어야 하고, 실제 행동하는 사람은 팀장이 아닌 팀원이어야 한다. 특히 대화할 때는 팀장보다 팀원이 더 많이 말하는 문화가 만들어져야 한다. 직책 때문에라도 팀원은 팀장 앞에서 편하게 말하기가 쉽지 않다. 또 여러 사정상 팀원이 팀장과의 미팅에서 스스럼없이 말하기를 기대하기가 어렵다.

그렇다면 팀원이 가능한 한 말을 많이 하게 하려면 어떻게 해야 할까? 스스로 자신이 처한 상황을 솔직하게 털어놓고 고민을 이야기하고 자기 힘으로 해결책을 찾도록 도우려면 어떻게 하는 것이 좋을까?

바로 '좋은 질문'을 하는 것이다. 질문이야말로 코칭에 꼭 필요한 최고의 스킬 중 하나다. 성과코칭대화를 할 때 '효과적인 질문을 활용하는 방법'에 대해서는 제3장에서 자세하게 살펴볼 것이다.

코칭을 해야할 때가 있고 하지말아야할 때가 있다

성과코칭은 고객인 팀원의 관점으로 하라

코칭은 어디까지나 코칭을 받는 사람, 즉 팀원의 위치에서 진행해야 한다. 당신이 일을 막 시작해서 아직 어설픈 단계였을 때를 떠올리면 좋다. 누군가의 도움이나 조언이 절실할 때가 있지만, 어떤 경우에는 그런 노력이 전혀 효과가 없을 때가 있다. 혼자 힘으로 헤쳐 나가야 할 뿐 누구의 말도 귀에 들어오지 않을 때가 있고, 아주 작은 힌트만으로도 큰 도움이 될 때가 있다. 이렇듯 코칭을 할 최적의 타이밍을 포착하는 것이 중요하다.

적절한 코칭이 필요한 때는 다음과 같은 순간이다.

적절한 코칭이 필요한 순간

팀원이 업무 때문에 고심하고 있을 때

팀원이 새롭고 낯선 업무를 맡았을 때

팀원이 충고나 도움, 피드백이나 조력을 청할 때

팀원이 결정을 못 내리고 당황할 때

팀원이 일관성 없이 행동할 때

팀원이 자기 능력에 대해 자신감을 잃었을 때

팀원이 개선하고자 하는 의욕을 보일 때

팀원이 기준 이하로 업무를 수행할 때

팀원이 업무에 방해되는 부정적인 태도를 가지고 있을 때

코칭을 받는 사람, 즉 팀원이 의지가 있느냐 하는 점이 매우 중요하다. 코칭은 어디까지나 '스스로 문제를 해결하도록 돕는' 활동이다. 그러므로 스스로 문제를 해결하고자 하는 노력, 동기, 의지 등이 아예 없다면 코칭의 효과는 떨어질 수밖에 없다. 따라서 코칭을 하는 팀장은 이에 대해서도 고민해야 한다.

팀원이 코칭을 받겠다는 자세와 의지가 있어야만 코칭의 효과가 발생한다. 팀원이 전혀 코칭을 받고 싶지도 않고 받을 준비도 되어 있지 않다면, 오히려 역효과가 날 수 있다. 그렇기에 코칭대화를 시도하기 전에 팀원이 준비될 때까지 기다릴 필요가 있다. 코칭을 할 때를 아는 것은 매우 중요하다.

코칭을 하지 말아야 할 때도 있다. 코치인 팀장, 코치의 대상이 되는 팀원의 상태를 모두 포괄하는데, 주로 감정과 태도에서 문제가 생긴 경우이다.

코칭을 해선 안 되는 순간

상대와 신뢰가 형성되어 있지 않을 때

코칭에 대해 팀원이 불만이 있거나 화가 나 있을 때

팀원이 매우 바쁠 때

팀원이 팀장의 문제(감정)를 자극할 때

팀장이 코칭의 기본을 유지하기 어려울 때

팀장 스스로 문제나 걱정거리가 있을 때

팀장이 코칭이 필요하지 않다고 판단할 때

팀원의 사생활 문제일 때

코칭을 제대로 할 수 없는 상황에서는 코칭이 도움이 되기는커녕 오히려 역효과를 낳기 쉽다. 이런 경우에는 서둘러 코칭을 하려 들지 말고, 적절한 시간과 조건이 되기를 기다릴 필요가 있다.

성과코칭이 형식적으로 진행되는 과업이 되어서는 곤란하다

조직 생활을 하다 보면 코칭을 할 적절한 시기를 포착하는 게 쉽지 않을 수도 있다. 여러 명의 팀원을 대상으로 성과관리를 해야 하는 팀장으로서는 팀원 눈치만 볼 수도 없는 노릇이다. 때로 일정이 촉박해서 어떻게든 일이 되도록 만들어야 할 수도 있다.

성과코칭대화가 정기적으로 잡혀 있다면, 적절한 시간과 조건이 무르익기를 기다리는 게 쉽지 않을 수 있다. 그렇다면 스케줄이 다가올 때 적절한 코칭이 가능하도록 팀장과 팀원 모두 준비하고 계획을 세워야 한다. 시간이 확정되었어도 코칭을 해서는 안되는 상황이라면 결코 좋은 대화 결과를 기대하기는 어렵다. 필요하다면 스케줄을 조정해서 적절한 시기를 잡을 필요도 있다.

아울러 코칭을 할 때 주의해야 할 점을 고려해서, 성과코칭대화를 진행하는 것이 좋다. 팀장으로서 팀원의 성과를 최대로 끌어내고 의욕과 동기부여를 줄 수 있는 최선의 방책을 찾아내기를 바란다. 성과코칭에서 적절한 시기 못지않게 주의할 점들은 다음과 같다.

① 짧은 시간이라도 시간을 만들어 꾸준히 코칭하라.

코칭에는 매우 긴 시간과 노력이 필요하다는 생각은 옳지 않다. 좋은 코칭에 꼭 현란한 스킬이나 언변이 있어야 하는 것도 아니다. 그러니 자신의 코칭이 제대로 효과가 있을까 막연한 두려움을 품을 필요가 없다. 팀원은 대부분 적절한 피드백을 원하고 자신의 고민과 어려움을 나누고 싶어 한다. 규칙적이고 편안한 시간을 꾸준히 갖는 것이 중요하다. 한꺼번에 모든 것을 해결하려 하지 말고, 적절한 순간에 필요한 코칭을 적극적으로 하는 것이 중요하다.

② 명확히 목표를 정하고, 지원하고 점검하는 코칭을 하라.

애초에 명확한 목표를 합의하지 않은 채, 결과만 쫓는 팀장이 되지는 말아야 한다. 목표에 대해 합의하고 동의했다면, 지지하고 적극적으로 지원해 준다. 팀원이 존중받고 배려받고 있음을 느끼게 하는 것이 중요하다. "당신은 혼자가 아니다!"라는 메시지를 주어야 한다. '적진에 홀로 내버려진 채 아무 공급도 받지 못하는 전투병'과 같은 느낌이 들게 해서는 안 된다. 목표에 함께 도달하기 위해 적극적으로 지원하고 점검하고 해결점을 찾는 코칭을 해야 한다.

③ 팀원의 상황을 면밀히 살피고, 의욕과 역량수준에 맞는 코칭을 하라.

상황 대응 리더십을 주창한 켄 블랜차드Ken Blanchard는 "팀원은 모두 동일하지 않기에 저마다의 발달단계에 따라 각기 다른 리더십과 코칭 기법을 적용해야 한다."라고 강조했다. 팀원의 발달단계는 의욕과 역량수준에 따라 달라지는데 가장 높은 단계는 의욕과 역량수준이 모두 최고치인 경우를 말한다. 다시 말해 모든 팀원이 동일한 단계가 아니기 때문에 같은 관점으로 접근하는 기계적 코칭을 해서는 안 된다는 것이다. 리더인 팀장의 섬세한 코칭 접근법이 요구된다.

코칭을 해야 할 때와 하지 말아야 할 때를 아는 것은 팀원을 성장시키는 팀장의 지혜로움의 증거이다.

코칭을 잘하는 팀장이 갖추어야 할 5가지 자질

⌐ 코치형 팀장이 되기 위해 당신이 키워야 할 것

  조직과 개인의 성공을 위해 코치형 팀장이 갖추어야 할 자질을 다음 5가지로 정의할 수 있다.

  이 특징은 세계적인 리더십 컨설팅 회사인 어치브글로벌Achieve Global 프로그램을 참고하였다.

  ### ① 코치형 팀장은 협력적이다(Collaborative).

  "김 대리, 이번 프로젝트에서 내가 도와줄 것은 없나요? 필요한 것이 있으면 언제든 요청하세요."

  코치형 팀장은 '협력'이라는 가치를 중요하게 인식한다. 이들은 팀워크를 중시하며 모두가 공동으로 힘을 쏟았을 때 최고의 계획, 프로세스, 결과물이 창출된다고 확신한다. 특히 다른 사람의 의견이 매우 가치 있다는 것을 알기 때문에, 팀원들의 아이디어와 의견을 적극적으로 구하는 특징을 보인다.

협력적 프로세스는 지시형이나 명령형보다 상대적으로 느리게 진행되게 마련이다. 조급함이 앞서면 제대로 된 협력을 끌어내기 힘들다.

언뜻 빨리 가는 것이 훨씬 효율적이라 느껴지겠지만, 협력을 통한 성장과 시너지가 생겨나지 않으면 조직은 발전하기 어렵다. 코치형 팀장은 협력만이 팀원의 적극적인 참여를 유도할 수 있는 최고의 방법이라는 것을 인식하고 있다.

협력적인 팀장은 다음과 같은 특징을 보인다.

①-1 핵심목표를 달성하겠다는 강력한 의지를 표명한다.

①-2 팀원이 각자의 과제를 수행하도록 도움을 준다.

①-3 팀원의 능력과 잠재력에 대한 신뢰를 표현한다.

①-4 시간, 자원, 긍정적 조언 등을 아낌없이 제공한다.

①-5 어려움에 부닥친 팀원을 적극적으로 도와준다.

② 코치형 팀장은 창의적이다(Inventive).

"이번 프로젝트에서는 A도 좋지만, A와 B를 결합한 방법을 시도해 보면 어때요? 내 경험으로는 이 방법이 효과를 나타낼 가능성이 있어 보입니다."

창의적인 팀장은 항상 팀원이 좀 더 효율적으로 일할 수 있고 업무를 쉽게 처리할 수 있는 새로운 방법이 있으리라고 생각한다.

따라서 기존 방법에 안주하지 않고 새로운 방법을 찾는다. 이들은 민첩하게 사고하면서 난관을 극복하기 위해 어느 정도 위험을 감수하며, 기회가 왔을 때 적극적으로 활용한다.

창의적인 팀장은 다음과 같은 특징을 보인다.

②-1 누가 시키지 않아도 적극적으로 행동한다.

②-2 변화에 민첩하면서도 효과적으로 대응한다.

②-3 목표를 달성하기 위해 새로운 방법을 모색한다.

②-4 더욱 좋은 아이디어를 찾아서 행동으로 옮긴다.

②-5 어려운 문제를 해결하기 위해 창의적인 해결책을 제시한다.

③ 코치형 팀장은 노련하다(Skilled).

"이번 프로젝트를 완성하려면 통계 프로그램의 구조방정식을 활용하면 좋을 것 같아요. 이에 대해서는 전산팀의 오 과장이 도움을 줄 수 있을 겁니다."

노련한 팀장은 기술적 측면이나 대인관계 측면의 스킬 모두 목표달성에 필요하다고 생각한다. 이들은 학습이야말로 평생에 걸쳐 이뤄야 할 과제라고 여길 뿐 아니라, 직무를 훌륭히 수행하려면 꾸준히 연습하고 학습하고 경험해야 한다는 것을 잘 알고 있다. 또한 학습한 내용을 현업에서 적극적으로 실천하고자 노력한다.

노련한 팀장은 다음과 같은 특징을 보인다.

③-1 목표달성을 위해 필요한 스킬을 학습하고 완벽히 익힌다.

③-2 핵심스킬을 꾸준히 개발한다.

③-3 주요 과제를 중점적으로 관리한다.

③-4 경험을 적극적으로 활용한다.

③-5 주요 업무의 우선순위를 효과적으로 정한다.

코치형 팀장이 리더십을 발휘하는 방법

이렇듯 코치형 팀장은 조직 전체의 가치와 팀원이 추구해야 할 바를 잘 일치시키면서, 적극적으로 동기부여하고 일을 통한 성취뿐 아니라 발전을 향한 의욕을 고취한다.

④ 코치형 팀장은 비전지향적이다(Visionary).

"우리 팀은 올해의 영업목표를 거뜬히 달성할 겁니다! 그뿐만 아니라 팀원 모두 돌아가면서 1개월 단기 해외연수를 경험함으로써 더욱 넓은 시장에 대한 안목을 확보하게 될 거예요."

비전지향적인 팀장은 자신뿐 아니라 모든 주변 사람의 미래에 대한 구체적인 청사진을 그려낸다. 자기충족적 예언과 긍정 마인드를 통해 팀원들의 꿈을 고양한다. 팀원들 역시 미래를 향한 진취적인 청사진을 설계하고 이를 적극적으로 실현하도록 돕는다.

긍정적인 태도와 불굴의 의지로 팀원 모두 목표달성에 적극적으로 참여할 수 있도록 유도한다.

비전지향적인 팀장은 다음과 같은 특징을 보인다.

④-1 핵심 목표달성을 위해 부단히 노력한다.

④-2 보다 나은 미래를 제시하고, 그것이 실현되도록 노력한다.

④-3 목표달성을 위한 명확한 전략을 제시한다.

④-4 목표달성에 팀원들이 적극 동참하도록 설득하는 것은 물론 솔선수범한다.

④-5 미래 청사진을 제시함으로써 팀원들의 동기를 자극한다.

⑤ 코치형 팀장은 사려 깊다(Mindful).

"나는 정 대리가 어린 자녀를 양육하면서도 맡은 업무를 잘 해내려고 애쓰고 있는 걸 잘 알고 있어요. 정 대리가 나와 우리 팀에 많은 힘이 되고 있기에 너무도 고맙습니다."

사려깊은 팀장은 조직의 핵심가치를 명확히 이해하고 이를 실천하기 위해 노력한다. 자신의 솔선수범과 팀원들의 노력이 조직의 성공에 중요한 역할을 한다는 것을 잘 알고 있다. 이들은 팀원들의 감정이 성취에도 매우 큰 영향을 미친다는 것을 잘 알고 있다. 팀원들을 대할 때 의견을 존중하는 것은 물론 그들의 처지를 이해하려고 노력한다. 이들은 의사결정을 내리고 행동할 때, 장기적인 측면에서 어떻게 해야 팀원과 조직에 이득이 될지를 가장 먼저 고려한다.

사려깊은 팀장은 다음과 같은 특징을 보인다.

⑤-1 **실천할 수 있는 현실적인 약속을 하고, 그것을 반드시 지킨다.**
⑤-2 **실수를 인정한다.**
⑤-3 **팀원의 인간적 니즈를 존중한다.**
⑤-4 **팀원의 문제와 감정을 배려한다.**
⑤-5 **의사결정 시 과거 선례와 경험을 참고한다.**

코치형 팀장은 협력적이며 창의적이고 노련할 뿐 아니라, 비전지향적이고 사려깊은 자질을 가져야 한다. 물론 모든 것이 만점인 팀장은 처음부터 만들어지지 않을 것이다. 다만 스스로 필요한 자질을 갖추려 노력함으로써 훌륭한 팀장이 되고, 이는 곧 팀원의 성취와 행복을 만들어냄을 잊지 말기를 바란다. 팀장으로서 당신은 어떤 자질을 갖고 있는가?

코치형 팀장의 자질

① 협력적Collaborative인 코치형 팀장의 자질

☐ 핵심목표를 달성하겠다는 강력한 의지를 표명한다.

☐ 팀원이 각자의 과제를 수행하도록 도움을 준다.

☐ 팀원의 능력과 잠재력에 대한 신뢰를 표현한다.

☐ 시간, 자원, 긍정적 조언 등을 아낌없이 제공한다.

☐ 어려움에 부닥친 팀원들을 적극적으로 도와준다.

② 창의적Inventive인 코치형 팀장의 자질

☐ 누가 시키지 않아도 적극적으로 행동한다.

☐ 변화에 민첩하면서도 효과적으로 대응한다.

☐ 목표를 달성하기 위해 새로운 방법을 모색한다.

☐ 더욱 좋은 아이디어를 찾아서 행동으로 옮긴다.

☐ 까다로운 문제를 해결하기 위해 창의적인 해결책을 제시한다.

③ 노련한Skilled 코치형 팀장의 자질

☐ 목표달성을 위해 필요한 스킬을 학습하고 완벽히 익힌다.

☐ 핵심스킬을 꾸준히 개발한다.

☐ 주요 과제를 중점적으로 관리한다.

☐ 경험을 적극적으로 활용한다.

☐ 주요 업무의 우선순위를 효과적으로 정한다.

④ 비전지향적Visionary인 코치형 팀장의 자질

☐ 핵심 목표달성을 위해 부단히 노력한다.

☐ 보다 나은 미래를 제시하고, 그것이 실현되도록 노력한다.

☐ 목표달성을 위한 명확한 전략을 제시한다.

☐ 목표달성에 팀원들이 적극 동참하도록 설득하는 것은 물론 솔선수범한다.

☐ 미래 청사진을 제시함으로써 팀원들의 동기를 자극한다.

⑤ 사려 깊은Mindful 코치형 팀장의 자질

☐ 실천할 수 있는 현실적인 약속을 하고, 그것을 반드시 지킨다.

☐ 실수를 인정한다.

☐ 팀원의 인간적 니즈를 존중한다.

☐ 팀원의 문제와 감정을 배려한다.

☐ 의사결정 시 과거 선례와 경험을 참고한다.

ONE-ON-ONE
PERFORMAN
CE💬REVIEW

제3장

성과면담 잘하는 팀장의 핵심 스킬1
_제대로 묻고 잘 듣는다

FOR 💬 TEAM
LEADERS 💬

팀원의잠자는능력을 일깨우는팀장의질문스킬

지시가 아닌 겸손한 질문이 진짜 리더십이다

팀장의 임무는 팀의 성과를 올리는 것이다. 오늘날 팀 리더에게 필요한 성과에 대한 철학은 '책임주의'보다는 '성장주의'이다. 성장주의의 핵심은 '코칭'이며, 탁월한 리더에게 코칭 스킬을 습득하는 것은 필수적이다.

첫 번째로 알아볼 리더의 스킬은 바로 '질문하는 법'이다. 질문이야말로 팀원과의 대화를 원활히 이끌어가는 핵심 기술이다. 좋은 질문은 상대의 말을 끌어내고 문제를 발견하며 상대도 몰랐던 자신의 가능성을 발견하게 하는 좋은 도구가 되어준다.

특히 '성과코칭대화'를 진행하는 팀장에게 '질문의 기술'은 매우 유용하다. 또한 쉽사리 터득하기 어려운 기술이기도 하다. 결론적으로 말하면 성과코칭대화의 핵심은 코칭이고, 코칭의 가장 중요한 기술은 질문인 것이다.

조직문화의 구루인 애드거 샤인Edgar H. Schein은 '최고의 리더십은 지시가 아닌 겸손한 질문에서 나온다.'라고 하였다. 또한 브레네 브라운Brene Brown은 리더의 '취약성의 힘'을 현장에서 제대로 구현하는 방법으로 질문을 적극 지지하고 있다.

애드거 샤인에 의하면, '겸손한 질문'이란 "상대방의 발언을 끌어내고, 자신이 답을 알지 못하는 것에 대해 묻고, 상대방을 향한 호기심과 관심을 바탕으로 관계를 맺는 기술"이다.

겸손한 질문이란 단순히 질문만을 던지는 것이 아니라, 자신의 질문에 대한 상대방의 반응을 경청하고, 그에 따라 적절히 대처하며 관계 맺기 과정에서 자신을 더 많이 드러내는 것을 아우르는 것을 의미한다. 상대방을 논쟁으로 굴복시키는 것이 아니라 공유된 맥락에 대해 공감대가 형성되도록 적절히 대응하는 기법이다.

성과코칭대화에서의 질문은 본질적으로 '겸손한 질문'이어야 한다.

열린 질문과 닫힌 질문의 적절한 비율

질문에는 '열린(개방형) 질문'과 '닫힌(폐쇄형) 질문'이 있다. 성과코칭대화에서는 이를 적절히 안배해 활용할 필요가 있다.

① 폐쇄적이지 않고 다채로운 답을 요구하는 열린 질문

열린 질문은 어떤 것일까? 가령 "요즘 직장생활은 어때요?" 하는 식으로 질문할 수 있다. 상대방이 얼마든지 자유롭게 대답할 수 있는 이런 유형의 질문이 열린 질문이다.

"글쎄요, 바쁘고 정신없지만 한편으론 참 보람되고 즐겁습니다."

팀원은 이런 식으로 다양하게 대답할 수 있다. 팀장이 예상하지 못했던 다양한 답변이 나올 수 있다. 이러한 열린 질문은 상대에게서 어떤 반응을 끌어낼까?

열린 질문을 받은 사람은 대답을 하기 위해서 상당히 뇌를 활성화해야만 한다. 다시 말해 상대의 사고를 적극적으로 자극함으로써 다양한 각도에서 답을 찾도록 하며, 적극적으로 정보탐색을 하도록 이끈다.

닫힌 질문이 자칫 취조하는 느낌을 줄 수 있는 데 반해, 열린 질문은 부담감보다는 편안함을 주기에 스스럼없는 대화로 이어질 가능성이 높아진다. 열린 질문은 가장 기초적이면서도 리더가 가장 많이 사용해야 하는 질문 패턴이다.

② '예, 아니오' 혹은 정해진 답변을 요구하는 닫힌 질문

열린 질문과 달리 닫힌 질문은 무엇일까? 가령 앞서와 같은 성격의 질문이라도 전혀 다른 방식으로 할 수 있다. "요즘 직장 생활이 행복한가요?" 이것이 닫힌 질문이다. 상대는 어떻게 대답해야 할까?

"아뇨, 별로 행복하질 않네요."

닫힌 질문은 얻고자 하는 답변이 정해져 있다. '그렇다' 혹은 '아니다'가 그것이다.

"지금 몇 시예요?" 같은 질문도 닫힌 질문이다. "지금 오후 3시입니다." 답변은 정해져 있기 때문이다.

그런데 닫힌 질문은 상대에게서 어떤 반응을 끌어낼까?

답하는 쪽에서는 크게 부담스럽지 않은 질문이다. 뇌를 크게 활성화할 필요가 없기 때문이다. 그렇기에 묻는 사람이 얻어낼 정보 역시 매우 제한적이다.

닫힌 질문은 신속한 정보나 답을 원할 때 유용하다. 하지만 닫힌 질문을 통해서 얻을 수 있는 정보는 특히 제한적이며, 상대방의 사고를 자극하지도 못한다. 상대는 좀 더 다양한 정보나 해답을 찾을 필요가 없으며, 질문 자체가 그러한 사고를 차단한다.

③ 열린 질문을 주로 쓰되 닫힌 질문을 적절히 배치하자.

팀원의 말을 많이 끌어내는 것이 좋은 성과코칭대화에서는 열린 질문의 비중이 많은 게 유리할 것이다. 그러나 닫힌 질문이 전혀 불필요한 것은 아니다.

대화의 방향이 틀어졌을 때 바로잡기 위해서 닫힌 질문을 적절히 활용할 수 있다.

"아이고, 우리 얘기가 너무 사적인 데까지 흘러가 버린 것 같네요. 그렇죠?"

이런 닫힌 질문은 분위기를 환기하고 대화를 전환하기 위해 동의를 얻는 데 적절하다.

"지금까지 대화한 걸 정리하자면, 회사의 정책이 지나치게 가혹하다는 거네요. 내가 맞게 이해했나요?"

대화의 단락을 정리하고 상대의 관점을 재확인하는 차원에서도 닫힌 질문을 활용할 수 있다.

성과코칭대화에서 열린 질문과 닫힌 질문의 비율은 '7:3'에서 '8:2' 정도면 적당하다고 생각한다.

열린 질문은 《말그릇》의 저자 김윤나의 '자율성의 대화법'에 해당한다. 상대를 끌고 오는 게 아니라 대화를 통해 스스로 걸어오게 하는 기법인 것이다. 열린 질문은 좋은 결과를 찾아가는 과정에 상대방을 참여시키고 방법과 프로세스에 대해 질문함으로써 상대방에게 '선택권'을 부여한다는 점에서 자율성을 높이는 대화법이다.

④ 불편한 침묵을 견디는 것도 리더의 역할

열린 질문을 할 때, 리더가 조금 더 신경 써야 할 부분이 있다. 자칫 부담스러울 수 있는 침묵을 어색하지 않게 견디고 잘 배려하는 것이다.

질문을 했다고 해서 상대방이 기다렸다는 듯 답을 내놓은 경우는 많지 않을 것이다. 이럴 때 리더는 기다릴 줄 아는 여유가 있어야 한다. 나름대로 침묵을 즐길 수도 있어야 한다. 어떤 이들은 침묵이 부담스럽고 어색해서 먼저 나서 말을 꺼내는 우를 범한다. 참지 못해서 먼저 답을 꺼내버리는 이들도 있다. 어느새 가르치고 지시하거나 명령하는 자세로 돌아가게 된다면, 팀원의 생각을 끌어내기 위한 모든 노력이 수포가 되고 만다.

그러니 열린 질문을 한 다음에는 재촉하지도 말고 긴장하지도 말도록 유의하자. '나는 당신의 말을 충분히 들을 준비가 되어 있습니다. 기다릴 수 있어요. 너무 서두르지 마세요. 빠른 답을 내지 않아도 괜찮습니다.' 이러한 메시지를 눈빛과 표정을 통해 충분히 전달할 필요가 있다.

팀원에게 건네면 좋은
'3가지 효과적인 질문 유형'

긍정의 분위기를 만들어내는
리더의 질문 패턴

성과코칭대화를 할 때는 열린 질문을 위주로 하되 다음과 같은 특징을 가진 질문을 많이 하면 더욱 효과가 좋다.

① 소망 지향적인 상상형 질문

팀원의 잠재력을 끌어내려면 현재 처한 상황에 얽매이지 않고 '최상의 나'를 상상하도록 만들 필요가 있다. 현재의 제약을 벗어나서 마음껏 일을 처리할 수 있다면, 어떤 결과를 도출할 수 있는지 맘껏 그릴 수 있도록 창의력을 북돋우는 질문을 하자.

우리는 일반적으로 제한된 환경, 예산, 시간, 직위 등으로 현재 상황을 극복하기 어렵다고 생각하기 쉽다. 이럴 때 제한된 요소들에서 벗어나, 모든 것을 마음껏 컨트롤할 수 있는 상황에서 문제를 극복하고자 한다면 어떻게 할 것인가를 물어본다.

억압된 생각과 방법으로부터 자유로워져서 마음껏 상상의 나래를 펼치도록 풀어주는 질문이다. 상상형 질문은 제한된 프레임을 벗어나서 바람직한 소망의 중심점에 다다르도록 도와줄 것이다.

"당신이 이 프로젝트의 리더라면 어떻게 일을 처리해 보고 싶은가요?"
"당신에게 시간이 충분하다면 어떤 부분을 보강해 보고 싶은가요?"
"다시 한번 기회가 주어진다면 어떻게 일을 처리해 보고 싶은가요?
"이 프로젝트가 잘 완성된다면 1년 후 당신은 어떤 모습일까요?"
"이 직장에서 당신이 이루고자 하는 꿈은 무엇인가요?"

② 해결 지향적인 성취형 질문

좋은 결과를 이룰 것으로 기대되는 가능성과 노력에 초점을 맞춘 질문이다. 장애물을 극복하는 질문이기도 하다.

우리 모두 일을 처리하면서 대부분 장애물을 맞이하게 된다. 한계나 장애는 대부분 과거나 현재에 존재한다. 그래서 많은 이들이 한계나 장애에 집중하고 거기에 갇혀 생각하게 된다. 성취형 질문은 의도적으로 한계나 장애에 대한 걱정을 떨쳐내고 미래의 성취에 더욱 집중하도록 만드는 질문 유형이다.

"당신이 원하는 결과를 얻기 위해 도움이 되는 것들은 무엇인가요?"

"지금 주어진 상황에서 최선의 노력은 무엇을 의미하나요?"

"원하는 결과를 이루는 데 내가 도와줄 것은 무엇인가요?"

"성과 달성을 위해 지금 무엇을 할 수 있나요?"

"당신이 최종적으로 성취하고 싶은 것은 무엇인가요?"

"좋은 결과를 만들기 위해 지금 무엇을 하고 있나요?"

"잘 되기 위해 더 필요한 것은 무엇인가요?"

상상형 질문은 창의력을 극대화하는 발산형 Divergence 질문이다. 즉 한계 없이 다양한 가능성을 탐색하게 만든다.

그에 반해 성취형 질문은 논리적으로 성과에 집중하는 수렴형 Convergence 질문에 가깝다. 원하는 결과를 만들어 내기 위해 무엇을 어떻게 하면 좋을지 진취적으로 사고하게 해 준다.

현실을 진단하고 솔직한 의견을 얻는 리더의 질문 패턴

③ 사실 지향의 중립형 질문

이는 개인적 판단이나 고정관념을 배제하고 사실에 근거해서 상대의 의견을 듣고자 하는 질문이다.

진정 순수하게 답을 알고 싶을 때 하면 좋은 질문이다. 이 질문을 하는 목적은 답 역시 정확한 것, 상대의 진심에서 우러나온 것이길 기대하기 때문이다. 그러기 위해서는 유도하거나 비아냥거리는 투의 질문은 피해야만 한다.

솔직히 대다수 조직문화에서 상대의 진심을 묻기보다 의도된 생각을 유도하거나 위기의식이나 경각심을 심어주기 위한 꼬인 질문을 하는 경우가 매우 많다.

"우리 조직을 관리하는 데 리더십이 얼마나 중요하다고 생각하나요?"(리더십이 무척 중요한 거 알지?), "수도권 대학교 상경계 출신이 아니라면 그 업무를 하기 어렵지는 않을까요?"(그 친구는 적합하지 않아, 알지?) 이런 질문은 좋은 소통을 만들기 어렵다.

질문하는 사람의 주관적 판단이 개입된 질문도 피해야 한다.

"마감일을 왜 이렇게 촉박하게 정했나요?"(네 계획이 틀렸어), "인센티브가 과도하다고 생각하지 않나요?"(너무 높아, 이 친구야) 이런 질문 역시 현실을 진단하거나 해결책을 내는 데 도움이 되지 않는다.

사실 지향의 중립형 질문을 잘하려면, 유도하거나 비아냥거리는 질문, 주관적 판단이 개입된 질문을 제한해야 한다. 이 질문은 건조하고 색채가 없어야 한다.

"이 일을 해결하기 위해서 필요한 것이 무엇이라고 생각하나요?"

"이 상황에 대해 당신의 생각은 무엇인가요?"

"당신이 이 프로젝트에서 얻는 이익은 무엇인가요?"

중립형 질문이 무엇인지 다소 이해하기 어려울 수도 있다. 그럼, 이런 질문을 생각해 보자.

"우리 팀 팀원들은 과연 행복할까요?"

"이 프로젝트에서 얻는 이익이 있기는 할까요?"

"이 일을 해결하기 위해 필요한 것에 대해 생각해 본 적은 있나요?"

이러한 질문들은 중립형 질문이라기보다는 일정한 답을 유도하는 유도형 질문 또는 질문자의 주관이 들어간 판단형 질문이라고 할 수 있다.

물론 성과코칭에서 때로 유도형 질문이 필요할 수도 있다. 아무리 변죽을 울려도 못 알아들을 때 유도형 질문을 할 수도 있다. 하지만 이는 좋은 질문이라고 할 수 없다. 자신의 고정관념과 판단을 배제한 중립된 질문이 좋은 질문이다.

리더의 효과적인 질문 기술은 열린 질문을 중점적으로 구사하되, 적절히 닫힌 질문을 활용하는 것이다. 또한 해결을 위해 상상의 나래를 펴는 상상형 질문, 논리적으로 결과를 만들어 내기 위한 성취형 질문, 그리고 사실 중심의 중립형 질문을 적절히 활용하면 좋겠다.

팀원의 탁월함을 포착하는 팀장의 경청 태도, BMW

팀원이 충분히 말할 수 있도록 잘 듣는 것이 중요하다

성과코칭대화를 하는 리더 입장에서 갖추어야 할 핵심적인 스킬 또 한 가지는 경청이다. 여기서 경청은 단순히 귀로 듣는 다는 의미의 'hear'가 아니라 진심으로 귀를 기울인다는 의미 의 'listen'이다. 의도적으로 상대방의 말을 집중해서 듣는 것을 말한다.

경청의 한자어는 傾기울 경聽들을 청이다.

'존경할 경'이 아니라 '기울 경'이라는 데 주목할 필요가 있다. 상대에게 몸, 마음, 귀를 전부 기울여야 한다는 의미이다.

'들을 청'의 한자 역시 잘 해석해 보면, 눈(目), 귀(耳), 마음

(心)으로 들어야 하며 상대방을 왕(王)처럼 생각해야 한다는 뜻을 내포한다.

　성과코칭대화에서 리더가 가장 범하기 쉬운 잘못은 '경청하지 못하고 스스로 말을 많이 하는 것'이다. 팀장은 기존의 경험과 관찰 등으로 얻은 정보가 풍부하기에 할 말이 훨씬 많을 수밖에 없다. 그런데 미팅 시간은 한정되어 있고, 해야만 할 것 같은 말들은 많다보니, 자신의 말을 한꺼번에 쏟아내기 일쑤다.

　긴장된 마음으로 대화에 참여한 팀원은 '역시나' 하는 반응을 보일 수밖에 없다. '에고, 또 시작이네. 그럼 그렇지. 내가 하는 일이 팀장님 맘에 들기나 하겠어?' 자조적인 생각에 사로잡혀 입을 닫거나 미약한 반응만 보일 것이다. 팀장이 아무리 열린 질문으로 생각을 끌어내려 한들, 미온적이고 방어적인 태도를 보이기 쉽다.

　이런 대화는 코칭이라고 할 수 없다. 결국 지시나 명령으로 흐르고 만다. 성과코칭대화가 제대로 효과를 내려면, 지시나 명령이 아닌 팀원 스스로 움직이게 하는 '코치형 대화'가 되어야 한다. 그러기 위해서 팀장은 잘 들어야 한다. 경청해야 한다. 팀원이 충분히 말할 수 있도록 배려해야 한다.

　경청을 잘 하기 위해서는 태도와 마음, 2가지 측면에서 고민을 하면 좋을 것 같다.

BMW 경청 태도를 익히면 대화가 매끄러워진다

BMW는 경청하는 태도를 나타낸다. 좋은 차를 타는 기분으로 성과코칭대화에서 경청의 태도를 몸에 익혀 팀원의 이야기를 듣도록 하자.

① 몸 Body 으로 경청하는 태도

심리학에서 권장하는 거울 요법의 반응 태도이다. 상대가 말할 때 내 몸이 함께 반응하는 적극적인 경청의 태도이다. 핵심은 상대의 행동을 따라 함으로써 편안함을 느끼게 하는 것이다. 상대가 몸을 앞으로 기울이면 나도 몸을 앞으로 기울인다. 상대가 잠깐 멈추면 나도 잠깐 멈춘다. 상대가 커피잔을 들면 나도 커피잔을 함께 든다.

대상이 말하는 동안 자연스럽게 얼굴과 눈을 바라보면서, 그의 말을 경청하고 있다는 것을 보여준다. 상대의 움직임에 내 몸이 함께 반응한다. 협상에 관한 연구 결과를 보면, 협상 대상의 옷과 비슷한 스타일과 색상의 의상을 착용한 것만으로도 타결 가능성이 한결 높아진다고 한다. 대화할 때 몸으로 경청하는 반응을 보여주는 것은 좋은 듣는 태도의 하나다.

② 분위기 Mood 로 경청하는 태도

분위기로 경청한다는 것은 상대의 기분에 맞추도록 노력하는 것을 말한다. 상대가 우울해 하면 나 역시 그 감정을 이해하고 공감하면서 경청한다. 상대가 기뻐하면 나도 함께 진심으로 기뻐한다. 상대가 힘들고 고통스러워 하면 나도 함께 그 감정을 읽고 공감해 준다. 상대가 침묵을 이어간다면 나도 그 침묵을 존중한다.

우리는 종종 상대의 분위기를 이해하기보다 제대로 이해하거나 공감하지 못한 채로 대화에 참여하는 경우가 많다. 그런 경우 상대는 공감받고 있다는 느낌을 받지 못해 위축된다. 그러므로 상대의 분위기를 잘 읽은 것은 매우 좋은 경청의 방법이다.

③ 말Word로 경청하는 태도

상대가 말할 때, 나 역시 말로 반응을 보이는 태도이다. 상대의 말을 끊고 내 말을 하라는 의미가 아니다. 상대가 원활하게 말할 수 있도록 추임새를 넣는다. "좋네요", "그런 방법도 있었네요", "좋은 아이디어네요" 등 말하는 사람이 계속 말을 이어가도록 길을 터주는 말을 하는 것이다.

특히 팀장이 팀원과 말할 때는 적절하게 말로 경청하는 태도를 보여주는 것이 좋다. 일례로 '내가 제대로 이해했는지 확인하는 말'을 건넬 수 있다. "지금까지 말한 게 성과평가가 공정하지 못하다는 것인가요. 내가 이해한 게 맞나요?" 이런 식으로 내가 충분히 경청하고 있다는 것을 알리면서 동시에 제대로 이해하고 있는지 재확인한다.

만약 상대의 말에 대한 명확한 해석이 필요할 경우 "보상이 적다는 의미로 이해하는 게 맞나요?" 하는 식으로 확인을 요청할 수도 있다. 말을 통해 상대에게 내가 경청하고 있음을 보여주는 태도이다. 상대의 말을 요약해서 반복함으로써 적절히 반응을 보이는 것을 백트래킹 Backtracking 이라고 하는데, 이 역시 말로 경청하는 좋은 방법이다.

사실 말로 경청하는 태도는 경청을 증명하는 가장 확실한 방법이다. 경청하지 못했다면 말로 다시 정리해서 반응하는 게 불가능하기 때문이다.

BMW 경청 태도는 어렵지 않다. 요약하면 상대를 존중하고 잘 듣겠다는 마음을 다잡고(Mood), 몸을 바로 세우고 눈을 맞추고 미소를 띠며(Body), 말로 호응을 보내는 것(Word)이다.

⚑ 'BMW' 경청 태도를 실전에서 활용하는 법

BMW 경청 태도에 대해 이해했다면, 다음과 같은 실전 전략을 활용해 성과코칭대화에 적용해 보기를 바란다.

① 몸Body으로 경청하는 태도 '실전편'

몸으로 경청하는 태도는 상대가 편안하게 말할 수 있게 한다. 하지만 팀장과 팀원의 대화인 만큼 너무 부담스럽지 않은 선에서 관심을 보이는 것이 좋다.

상대와 얼굴을 마주한 채 앉아서 몸을 상대 쪽으로 약간 숙인 채 듣는다.

팔짱을 끼거나 한눈을 팔지 않고 편안하고 개방적인 제스처를 사용한다.

상대와 계속 눈을 맞춘다.

가끔 고개를 끄덕이거나 미소를 짓는다.

② 분위기Mood로 경청하는 태도 '실전편'

무엇보다 말하는 사람에게 집중하는 마음을 갖는 것이 중요하다. 다른 것에 관한 생각은 접어두고, 스스로에게 '나는 이 얘기를 들어야 해.'라고 집중하게 해야 한다.

상대가 말하는 내용을 들으면서 다음과 같은 내용을 마음속으로 정리한다.

팀원의 말이 내가 알고 있는 내용과 어떻게 연결이 되는가?

팀원의 말이 현재 나의 업무에 어떻게 적용이 될까?

팀원의 말이 앞으로 있을 프로젝트나 계획하는 일에 어떤 영향을 주게 될까?

③ 말 Word 로 경청하는 태도 '실전편'

경청하고 있다는 것을 드러내고 상대의 말을 명료하게 재확인하면서, 상대가 말을 원활히 할 수 있도록 추임새를 넣는다.

"그러니까 그들의 최대 관심사는 가격이 아니라 서비스라는 얘기군요?" **(다시 말하기)**

"그러니까 정부에서 자금지원이 되느냐 아니냐가 아니라, 언제까지 되느냐가 핵심이란 얘기네요." **(요약해서 상대방과 내용 맞추기)**

"당신이 꺼리는 것을 이해할 수 있어요." **(동조의 마음 말하기)**

"아~", "음...", "그래요", "좋아요", "그렇군요." **(짤막한 말로 장단을 맞춰주기)**

경청에는 여러 단계가 있다. 최고의 단계는 바로 공감적 경청의 단계이다. 공감적 경청은 오로지 인간만이 할 수 있다고 한다. 때로 개나 늑대 같은 동물들도 주의 깊은 경청까지는 하지만, 공감적 경청을 하는 건 인간뿐이라는 것이다.

공감적 경청은 '상대방의 입장'이 되어서 이해하는 것이다. 내입장, 내 방식, 내 감정대로 이해하는 것이 아니라 상대방의 입장으로 듣는 것이며, 상대방의 패러다임으로 들어가서 듣는 것이다. 이것이 가능하려면 그냥 들어서는 안 되고, 인지적 노력을 기울여야 한다. 적극적으로 이해하고 해석하면서 들어야 한다.

불필요한잡음을 없애는
팀장의경청마음, 3F

대화의 심리적 측면을 배려한
경청의 기술을 습득하라

BMW가 태도, 즉 외적인 측면의 경청 기술이라면, 심리적 측면의 경청 기술도 있다.

일명 3F로 경청하는 것이다. 3F 경청 기술은 비폭력 대화를 창시한 마셜 로젠버그Marshall B. Rosenberg가 제안한 것으로 알려져 있다.

① 사실Fact을 경청하라.

상대가 말할 때 내 고정된 생각이나 판단을 집어넣지 않고 사실만을 듣는 것이다. 상대의 상황이나 사실에만 오롯이 '집중'

해서 듣는 것이다.

이 기술은 말하는 사람한테도 매우 긴요하다. 판단이나 생각을 넣어서 말하지 않고 사실을 중심으로 말하는 것으로, 연습이 필요하다.

김윤나 작가는 '사실 듣기'를 일컬어 상대가 들려주는 장황한 내용을 정리해서 짧게 한두 문장으로 정리해서 다시 듣는 기술이라고 했다. 참고할 만한 조언이다.

② 감정Feel을 경청하라.

상대가 말할 때 상대의 말 이면에 있는 그 사람의 감정을 읽는다. 상대의 이야기에서 상대의 감정 상태를 감지해서 공감함으로써 그에 대한 내 느낌을 표현한다. 공감이란 역지사지易地思之의 기술이다. 의도적인 인지적 노력이 필요하다. 적극적인 개입과 해석이 필요한 듣기 기술이기도 하기에 쉽지만은 않다.

상대의 감정을 억지로 해석하기보다 그 감정을 감지했을 때 내가 느낀 감정을 확인하는 말을 건넴으로써 공감을 표현하는 것이 적절한 경청 방법이다.

③ 핵심Focus을 경청하라.

상대방이 무엇을 원하고 의도하는지 요점을 간파해 듣는 것이다. 자기의 진짜 의도나 욕구를 표현하는 데 익숙하지 않은 사람은 말로 표현하는 것과 실제로 원하고 의도하는 것이 다른 경우가 있다. 상대가 개떡같이 말해도 찰떡같이 의도를 파악하려고 노력하는 자세로 경청해야 한다.

상대는 말뿐 아니라 표정, 행동 등으로 의도를 간접적으로 표현하고 있을지 모른다. 어쩌면 말하는 본인도 의식하지 못한 채 의도를 표현하고 있을 수도 있다. 탁월한 리더라면 의도를 캐치하고 파악할 수 있어야 한다. 상대의 말이 아니라 상대의 의도를 경청해야 한다. 입장position이 아니라 이해interests를 제대로 알아야 하는 것이다.

3F 경청 마음을 실전에서 활용하는 법

① 사실 Fact을 경청하는 마음, 실전편

사람들은 통상적으로 두서없이 말하게 마련이다. 말에 군더더기도 많고, 과장이나 허풍이 낀 말을 하는 경우도 많다. 그러므로 탁월한 팀장이라면 상대가 말하는 바를 잘 내용을 정리해서 '사실'만을 듣는 기술이 필요하다.

내가 들으면서 '이 대리는 **항상** 지각을 하고 있구나.'라고 생각한다면, 이는 사실을 듣는 것이 아니라 판단으로 듣는 것이다. '이 대리는 2주 동안 3번의 지각을 하고 있구나.'라고 생각한다면, 이는 사실을 근거로 듣는 것이다.

② 감정 Feel을 경청하는 마음, 실전편

팀원이 씩씩하게 말한다. "저는 전혀 힘들지 않아요. 맡은 업무를 잘 수행하고 있습니다." 그런데 말에는 힘이 없고 표정을 보니 전혀 다른 말을 하고 있다. 말은 애써 활기차게 하고 있지만, 그는 많이 힘들어하고 다른 사람의 도움이 필요하다는 것을 알 수 있다. "다들 잘 도와주셔서 괜찮아요. 아무 문제 없습니다." 하는 말로 애써 팀 내의 불화나 오해를 감추고 있을 수도 있다. 이런 경우 상대의 말 이면에 담긴 속마음을 읽을 수 있어야 한다.

이때는 말과 다른 감정을 굳이 꼬치꼬치 캐물을 필요가 없다. 상대의 감정을 공감하고 내가 느낀 바를 솔직히 전달하면 된다. 그것으로 이해받는다는 위로를 느끼기에 충분하기 때문이다. "혼자서 어떻게든 해나가려고 속상했겠네. 많이 힘들었지?", "오해를 받았구나. 그 사람한테 서운한 마음이 들었겠구나." 상대방의 속마음을 알아주고 공감하는 나의 느낌을 표현해 주면 좋다.

③ 핵심 또는 의도 Focus를 경청하는 마음, 실전편

누구나 애초에 가졌던 좋은 생각, 방향, 계획, 진심 등이 있다.

그런데 시간이 흐르면서 마음대로 되지 않고 뒤죽박죽 뒤엉키기도 한다. 그래서 속상하고 짜증이 나고 전부 뒤집고 싶은 마음이 든다. 그런 경우 오히려 더 속이 상해서 의도하지 않았던 못된 말을 내뱉기도 한다.

"이 프로젝트 다 망해버렸으면 좋겠어요.", "제가 모자라서 일을 다 망쳐버린 것 같아요." 등의 말은 실망감을 표현하는 것 같지만, 그 이면에는 프로젝트가 잘되기를 바라는 마음과 열심히 해서 성취하고 싶은 의도가 담겨 있다.

이럴 때 상대의 의도, 방향, 진심 등을 잘 경청할 수 있다면, 그리고 그것을 인정하고 격려할 수 있다면, 상대 역시 그 의도를 경청한 사람을 통해 지지받고 위로받음으로써 새삼 용기를 얻고 변화를 향해 나아갈 수 있다.

3F 경청 기술은 쉽지 않다. 장황하게 말하는데 사실만을 캐치하고, 감정을 말하지 않는데도 감정을 포착해서 공감해야 하고, 의도를 제대로 말하지 않는데도 의도를 알아서 들어야 하기 때문이다.

어찌 보면 거의 도인道人의 수준에 이르러야 가능한 게 아닌가 싶다. 그러나 더 깊게 듣기 위해서는 3F로 듣기 위해 꾸준히 노력해야 한다.

리더의 질문과 경청 기술

긍정의 분위기를 만들어 내는 리더의 질문 기술

① 소망 지향적인 상상형 질문

☐ "당신이 이 프로젝트의 리더라면 어떻게 일을 처리해 보고 싶은가요?"

☐ "당신에게 시간이 충분하다면 어떤 부분을 보강해 보고 싶은가요?"

☐ "다시 한번 기회가 주어진다면 어떻게 일을 처리해 보고 싶은가요?

☐ "이 프로젝트가 잘 완성된다면 1년 후 당신은 어떤 모습일까요?"

☐ "이 직장에서 당신이 이루고자 하는 꿈은 무엇인가요?"

② 해결 지향적인 성취형 질문

☐ "당신이 원하는 결과를 얻기 위해 도움이 되는 것들은 무엇인가요?"

☐ "지금 주어진 상황에서 최선의 노력은 무엇을 의미하나요?"

☐ "원하는 결과를 이루는 데 내가 도와줄 것은 무엇인가요?"

☐ "성과 달성을 위해 지금 무엇을 할 수 있나요?"

☐ "당신이 최종적으로 성취하고 싶은 것은 무엇인가요?"

☐ "좋은 결과를 만들기 위해 지금 무엇을 하고 있나요?"

☐ "잘 되기 위해 더 필요한 것은 무엇인가요?"

③ 사실 지향의 중립형 질문

☐ "이 일을 해결하기 위해서 필요한 것이 무엇이라고 생각하나요?"

☐ "이 상황에 대해 당신의 생각은 무엇인가요?"

☐ "당신이 이 프로젝트에서 얻는 이익은 무엇인가요?"

상대의 말을 끌어내는
BMW 경청 태도

① 몸 Body으로 경청하는 태도

☐ 상대와 얼굴을 마주한 채 앉아서 몸을 상대 쪽으로 약간 숙인 채 듣는다.

☐ 팔짱을 끼거나 한눈을 팔지 않고 편안하고 개방적인 제스처를 사용한다.

☐ 상대와 계속 눈을 맞춘다.

☐ 가끔 고개를 끄덕이거나 미소를 짓는다.

② 분위기 Mood로 경청하는 태도

☐ 팀원의 말이 내가 알고 있는 내용과 어떻게 연결이 되는가?

☐ 팀원의 말이 현재 나의 업무에 어떻게 적용이 될까?

☐ 팀원의 말이 앞으로 있을 프로젝트나 계획하는 일에 어떤 영향을 주게
될까?

③ 말 Word로 경청하는 태도

☐ "그러니까 그들의 최대 관심사는 가격이 아니라 서비스라는 얘기군요?"
 (다시 말하기)

☐ "그러니까 정부에서 자금지원이 되느냐 아니냐가 아니라, 언제까지 되느
 냐가 핵심이란 얘기네요."(요약해서 상대방과 내용 맞추기)

☐ "당신이 꺼리는 것을 이해할 수 있어요."(동조의 마음 말하기)

☐ "아~", "음⋯", "그래요", "좋아요", "그렇군요." (짤막한 말로 장단을 맞춰
 주기)

ONE-ON-ONE PERFORMAN CE💬REVIEW

제4장

성과면담 잘하는 팀장의 핵심 스킬 2 _설득력을 높이는 피드백과 말하기

FOR 💬 TEAM LEADERS💬

팀원의 열정을 끌어내는
팀장의 피드백 스킬

피드백이 없으면
팀원은 자기가 어디쯤인지 파악하기 어렵다

성과코칭대화를 진행하는 팀장이 갖추어야 할 세 번째 스킬은 다름 아닌 '피드백'이다. 말하기에 앞서 피드백 기술을 살펴보는 이유는 분명하다. 피드백이야말로 팀원의 열정을 끌어내고 행동을 독려하는 매우 훌륭한 기술이기 때문이다.

피드백feedback의 feed는 먹이를 준다는 뜻이다. back, 즉 뒤로 먹이를 준다고 해석할 수 있다. 뒤(과거)를 돌아보고 잘했거나 반성하고 고쳐야 할 바를 전달하는 것이라 이해할 수 있다. 챗GPTChatGPT에 그 뜻을 물었더니 다음과 같은 답변이 나왔다.

피드백 feedback: 어떤 행동이나 결과에 대한 평가, 의견, 정보를 제공하는 과정이나 그 결과를 의미합니다. 주로 특정 활동이나 행동의 품질을 개선하거나 유지하기 위해 사용됩니다. 피드백은 다양한 형태로 나타날 수 있으며, 긍정적인 피드백은 강화 및 동기부여에 도움이 되고, 부정적인 피드백은 개선의 방향을 제시하고 발전의 기회로 삼을 수 있습니다. 예를 들어, 학습 환경에서 강사는 학생들에게 주어진 과제에 대한 피드백을 제공할 수 있습니다. 이는 학생들이 자신의 강점과 약점을 파악하고 개선할 수 있도록 도와주는 역할을 합니다. 또한 업무 환경에서 동료들 간에 서로에게 프로젝트나 업무에 대한 피드백을 주고받는 것은 효과적인 협업과 성과향상을 도모할 수 있습니다.

이 정도면 훌륭한 답변이다. 여기서 '어떤 행동이나 결과에 대한 평가를 내리거나 의견이나 정보를 제공하는 과정 또는 그 결과'라는 부분이 핵심이다.

피드백과 더불어 '미래에 중심을 둔 반응 기술'인 피드포워드feedforward도 실천할 필요가 있다. 피드백이 '과거의' 경험에 대한 평가 또는 의견이라면, 피드포워드는 '미래의' 성과나 행동에 대한 건설적인 제안 또는 방향 제시이다.

현장에서는 이 두 개념이 협동적이며 유기적으로 혼용되어 사용된다. 보통은 피드포워드를 따로 사용하기보다는 피드백이라는 큰 개념에 포함하여 사용된다.

일반적으로 피드백에는 4가지 종류가 있다.

① 상대의 견해를 존중하고 배려하고 격려하는 지지적 피드백
(supportive feedback)
② 기존의 관계나 모습을 더 발전시키고 개선하는 데 유용한
교정적 피드백(corrective feedback)
③ 사람들에게 상처와 좌절을 주는 학대적 피드백(abusive
feedback)
④ 상대에게 아무런 영향을 주지 못하는 무의미한 피드백
(insignificant feedback)

③과 ④는 현장에서 사용하면 안 된다. 팀장이 팀원에게 할
수 있는 피드백은 ①과 ②뿐이다.

팀장은 지지적 피드백과 교정적 피드백을 양 날개처럼 사용
해서 적절히 팀원의 행동과 업무에 대해 평가하고, 앞으로 나아
갈 바를 제시해야 한다. 피드백이 없다면 팀원은 자신이 일을
잘하고 있는지 파악하기 어려우며, 앞으로 개선해야 할 바나 진
취적으로 나아가야 할 바를 포착하기 힘들다.

효과적으로 피드백하는 첫 번째 행동 요령 _ 지지적 피드백

지지적 피드백은 'CAN'이라는 약자를 기억해 실행하면 좋다. 지지적 피드백은 상대의 견해를 존중하고 배려하며 격려하는 피드백으로, '칭찬'이 대표적이다. 그러나 아무 때나 칭찬을 남발한다고 효과가 있는 것이 아니다. 뻔한 칭찬이 되지 않으려면 구분동작처럼 나눠서 칭찬을 해 보면 좋은데, 이때 'CAN 피드백 기술'을 기억하면 효과적이다.

① C Catch: 칭찬을 건넬 만한 기회를 '포착'한다.
② A Action: 구체적인 '행동'에 대해서 칭찬한다.
③ N Nutrition: 팀원의 행동이 팀장이나 조직에 어떤 자양분을 제공했는지 말한다.

팀원이 훌륭한 보고서를 작성했다. 지지적 피드백인 칭찬을 해야겠다는 마음을 먹었다면 그 시점에 놓치지 말고 해야 한다. 이것이 '포착Catch' 단계이다. 칭찬할 기회를 놓쳐버리면 나중에 돌이켜서 칭찬하기도 어색하지만, 무엇보다 칭찬의 효과가 떨어지고 만다. 그러므로 탁월한 팀장이라면 칭찬할 기회를 놓치지 않고 잘 포착한다. 칭찬에도 골든타임이 있는 것이다. 곧바로 칭찬해야 할 대상을 찾아 직접 소통한다.

"박 대리, 시간 괜찮으면 잠깐 볼까?"

타이밍을 잘 잡았다면, 이제 직접 칭찬의 말을 할 단계이다. 이때는 칭찬받을 '행동Action'에 대해서 구체적으로 설명하는 것이다.

"박 대리, 이번 분기 사업계획서 보고서 말이야, 경쟁사 분석의 수치가 정확하고 도표로 비교 정리해서 전체를 파악하는 데 아주 탁월했어. 정말 좋았어."

그리고 행동이 팀에게 안겨준 '자양분Nutrition'에 대해 언급함으로써 칭찬의 사이클을 마무리한다.

"보고서 덕에 상무님께 칭찬도 받았고, 하반기 우리 팀 전략목표 달성에도 많은 도움이 될 것 같아. 수고 많았어. 고마워."

칭찬으로 대표되는 지지적 피드백은 팀원의 '행동', 그리고 그로 인해 '팀장인 나와 조직 전체에 안겨준 자양분'에 대해 동시에 칭찬함으로써 그러한 긍정적인 행동과 자양분이 앞으로도 반복해서 만들어지기를 기대하는 것이다.

⚑ 효과적으로 피드백하는 두 번째 행동 요령 _ 교정적 피드백

교정적 피드백이란 특정한 행동을 개선하기 위한 피드백이다. 칭찬이 아닌 지적과 경고, 변화요청의 성격이 강하므로 지지적 피드백에 비해 상대적으로 더 신경을 써야 한다. 자칫 교정의 효과를 발휘하지 못할 뿐 아니라 일방적 비난이나 모욕으로 받아들여지기 쉽기 때문이다.

교정적 피드백을 할 때는 'AI²D'라는 약자를 기억하면 좋다. 단 I가 2회 반복된다. 교정적 피드백은 기존의 관계나 모습을 더 발전시키고 개선하는 데 유용하며, 핵심은 '변화'를 만들어 내는 것임을 잊지 말자.

① A Action: 교정이 필요한 '행동'만 언급한다.
② I Impression: 행동으로 생겨나는 느낌과 감정을 말한다.
③ I Impact: 행동이 팀장과 팀에 미치는 '영향'에 대해서 설명한다.
④ D Desire: 문제해결을 위한 '변화' 요구를 말한다.

근태의 문제가 있는 팀원이 있다고 하자. 교정적 피드백을 하는 이유는 불량한 근태를 비난하기 위한 것이 아니다. 진정한 변화를 만들어 내는 것이다. 그러므로 'AI²D 교정 피드백' 기법을 적용하자. 피드백을 위해서는 적절한 TPO(Time, Place, Occasion)가 필요함도 기억하자.

오 대리가 3일 연속으로 지각을 했다. 이때 지적할 것은 오 대리의 '행동Action'이다. 판단이나 설교, 비아냥 등이 포함되지 않도록 한다. 사실만 말하는 것이 중요하다. 상대의 인성, 성격, 배경 같은 비난의 요소를 포함하지 않도록 한다. 사람과 일을 분리해서 사실에 기초한 것만 언급하는 것이 좋다.

"오 대리, 오늘까지 3일 연속 지각이야."

다음으로는 그 행동으로 인한 나의 '느낌 Impression'을 말한다.

"나는 오 대리의 행동이 나와 우리 팀을 무시한다는 느낌이 들어."

그러고는 그 행동이 끼친 '영향Impact'이나 결과에 대해 언급한다.

"오 대리가 지각해서 우리 팀이 정해진 시간에 회의를 진행할 수 없으니 팀 업무에 부정적인 영향을 주고, 다른 팀한테도 부정적인 이미지를 주고 있어."

끝으로 팀장이 원하는 '변화Desire'의 구체적인 모습을 요청한다.

"오 대리, 내일부터는 지각하지 말고 출근 시간에 맞춰 오기를 바라네. 그렇게 할 수 있지?"

교정적 피드백은 변화가 필요한 구체적인 사실을 알려주고, 왜 변화가 필요한지 스스로 깨닫고 진정으로 변화가 일어나기를 기대하는 것이다.

팀장의 피드백 스킬 : 4가지 방법론과 3가지 주의점

⚑ 잘못된 피드백은 차라리 하지 않느니만 못하다

피드백을 할 때는 공통적으로 필요한 방법과 주의점이 있다. 이것을 고려하지 않을 경우, 자칫 무의미한 피드백이 되거나 오히려 역효과가 나는 피드백이 되기 쉽다.

다음의 구체적 방법들을 활용하면서 효율적인 피드백을 하도록 노력하자.

① 피드백에는 '계획이 필요 have a plan' 하다.

피드백은 계획적으로 해야 한다. 아무 계획 없이 피드백을 펼치는 것은 장수가 아무런 무기나 전술 없이 전장에 나서는 것과 같다. 실패만 맛볼 뿐이다. 피드백은 매우 정교한 팀장의 소통 기술이기에, 미리 잘 계획하고 준비해야 한다.

우선 생각을 정리한 다음, 그 주제에 맞는 예시가 있는지 살펴보면서 준비하면 좋다. 해답지에 해당하는 솔루션 역시 다양하게 준비하는 편이 좋다.

피드백을 할 때는 '받는 사람의 입장'을 배려해야 한다. 같은 피드백이라도 무던히 받아들이고 수용하는 사람이 있는가 하면, 쉽게 오해하거나 상처받는 사람도 있다. 상대에게도 준비가 필요하다면 충분히 준비하도록 요청해야 한다. 계획에는 피드백을 받는 사람의 필요와 요구에 맞춘 유연함까지도 포함된다.

② 피드백은 '구체적이어야be specific' 한다.

피드백은 구체적이고 명확하게 해야 한다. 두리뭉실하거나 모호하게 해서는 안 된다. 피드백을 받는 상대가 도대체 이런 말을 하는 팀장에게 무슨 의도나 꿍꿍이가 있는지 고개를 갸웃하며 고민하게 만들어서는 안 된다.

오해가 생기지 않으려면 어디까지나 사실만을 중심으로 하되 매우 구체적으로 피드백해야 한다. 구체적으로 피드백하지 못한다는 것은 팀장 스스로가 상황을 제대로 파악하지 못했음을 인정하는 셈이다. 상황을 정확히 파악하지 못하면 구체적인 피드백을 할 수 없다. 또한 구체적으로 피드백하지 못한다는 것은 팀장이 어느 방향으로 나아가야 하는지 정확한 솔루션을 확보하지 못했다는 것을 의미한다.

③ 피드백은 가급적 '행동에 집중해서 focus on behaviors' 이루어져야 한다.

행동만 언급해야지 상대의 성격, 태도, 자세, 신분상 특징 같은 것을 엮어서 피드백해서는 안 된다. 눈에 보이는 부분, 나타난 행동만 중심으로 피드백해야 한다.

"너는 요즘 조직생활의 기본을 잃은 것 같아", "넌 항상 그런 태도가 문제야" 이런 식의 피드백은 나의 판단과 고정관념이 들어간 것이며 상대로 하여금 모욕감을 느끼게 하는 것으로 결코 좋은 피드백이 될 수 없다. 눈에 보이거나 객관적인 특정 행동에만 초점을 두고 그것에 대해서만 피드백해야 한다.

④ 피드백은 '느낌에 대한 표현 describe feelings'이 들어가면 좋다.

나의 느낌과 감정이 피드백의 요소로 들어가는 것이 좋다. 사람들은 상대가 진심으로 자기 느낌이나 감정을 말할 때 변화의 필요성을 절감하게 된다. 조직생활을 함께하는 구성원으로서 갖는 진실한 느낌과 감정은 다른 구성원에게 막대한 영향력을 끼칠 수밖에 없다.

피드백하는 팀장의 입장에서 느낌과 감정을 진실하게 말하는 것이야말로 어떤 피드백보다 막강하다. "김 대리가 연속적으로 보고서 실수를 해서 내가 김 대리에게 가지는 신뢰가 무너지고 실망감이 들어." 이렇듯 나의 느낌을 구체적으로 표현하는 것은 교정을 위한 피드백에서 중요한 역할을 한다.

⚑ 피드백은 상대가 있는 커뮤니케이션이다

일반적인 성과코칭의 순서는 관찰하고 질문하는 것으로부터 시작한다. 질문을 하면 팀원은 반응을 보일 것이다. 그에 대해 잘 경청한 다음 그에 따른 피드백을 한다.

피드백은 팀원이 한 행동이나 말에 대한 반응이다. 잘된 것이 계속 지속되기를 원하는 '지지적 피드백'과 잘못된 것이 변화하기를 원하는 '교정적 피드백'이 대표적이다. 피드백은 조직 구성원이 탁월함에 도달하기를 원하는 리더가 가지는 간절함의 표현이 되어야 하며, 더 효과가 있으려면 다음 몇 가지를 주의해야 한다.

① 좋은 결과에 주목하고 스스로 학습하도록 칭찬하라.

우리는 조직생활을 하면서 누구나 탁월함을 추구한다. 탁월함은 결과와 연관된다. 만약 팀원이 좋은 결과를 만들어 냈다면, 팀원이 만들어 낸 좋은 결과의 모습이나 상황을 명확히 '인식'시킬 필요가 있다. "그래, 바로 그거야, 난 참 좋아." 팀원이 한 행동으로 느끼는 나의 감정을 표현하는 것이 좋다.

미식축구계의 전설적인 코치 톰 랜드리Tom Landry는 선수들이 실수한 것보다는 '잘한 것'에 주목했다. 승리의 조건은 실수를 깨닫고 변화하는 것보다는 잘한 것을 계속 더 잘하게 만드는 것이라고 믿었기 때문이다. 선수가 자신의 장점을 잘 인식하면, 그 역량을 키울 수 있다고 생각했다. 그가 사용한 방법은 경기 중 잘한 모습을 녹화한 것을 느린 동작으로 다시 보면서 스스로 '뭘 잘했는지' 포착하게 만드는 것이었다. 좋은 결과를 만든 순간, 칭찬 피드백을 하는 것 역시 잊지 않았다. "그래, 바로 그거야, 나는 이 부분이 정말 좋아!"

당신 역시 팀원들에게 그렇게 하기를 바란다. 결과에 주목하면서 잘된 부분을 팀원 각자가 인식하게 만드는 것. 팀원이 자신의 성공 패턴을 깨닫게 되고, 스스로 잘 튜닝하게 할 것이다. 이것이 바로 '스스로 학습'이며, 피터 드러커가 말한 습득의 과정이다.

교육을 뜻하는 'education'은 'e밖으로+duco꺼내다'라는 라틴어 어원에서 나왔다. 교육이란 인간 스스로가 내면에 잠재된 능력과 역량을 끌어내고 발현시키는 것이라 할 수 있다. 성과코칭을 위한 피드백의 본질은 진정한 성인교육adult education의 개념과 일치한다.

② 심판자의 말보다는 '학습자·공유자의 말'을 하라.

통상 팀장은 팀원보다 조직이나 업무에 대한 경험이 많다. 팀을 이끌고 있으므로 팀원에 대한 어느 정도의 기대치도 있다. 그렇다고 해서 모든 면에서 팀장이 팀원보다 탁월하다고 할 수는 없다.

그러기에 팀장이 늘 팀원 모두를 객관적이며 공정하게 평가할 수는 없다. 팀원들 역시 이 사실을 잘 안다. 그로 인해서 팀장의 피드백이 효과적이지 못한 경우가 종종 발생한다.

팀장은 평가가 중심이 되는 '심판자의 말'을 하기보다 파트너로서 '학습자·공유자의 말'을 할 필요가 있다.

"이 부분을 고쳐야 할 것 같아."라고 말하기보다는 "내 경우는 이렇게 하니까 변화가 있었어, 자네 생각은 어때?"하고 말하는 편이 훨씬 더 효과적이다.

"A는 비효율적이야."라고 단언하기보다는 "나는 B가 좋다고 생각해. B에는 하이브리드 기능이 있어서 말이야."하는 식으로 의견을 제시한다.

팀장 역시 모든 것을 다 아는 전능자가 아니며, 나도 팀원과 함께 고민하고 더 나은 방법을 찾아가고자 하는 '겸손하고 신뢰할 만한 파트너'라는 것을 알려주는 피드백 방법인 것이다.

[표 4-1] 심판자의 말 vs 학습자·공유자의 말

심판자의 말	학습자·공유자의 말
• (자신 혹은 타인을) 판단한다	• (자신 혹은 타인을) 포용한다
• 반발하고 습관적이다	• 책임 있고 사려 깊다
• 모든 걸 알고 있다는 식이다	• 나도 모자라고 모르는 것이 많다
• 경직되고 엄격하다	• 유연하고 적응력이 강하다
• 독선적이다	• 호기심이 강하다
• 자기만의 시각을 고집한다	• 다른 사람의 상황을 고려한다
• 편견에 싸여 있다	• 선입견을 갖지 않는다
• 가능성이 제한적이라고 본다	• 가능성에 제한이 없다고 본다
• 기본적인 분위기는 방어적	• 기본적인 분위기는 호기심

출처: 마릴리 애덤스(2017), p121 일부 재구성

③ 팀원이 받아들이고 변화할 때까지 인내심을 갖고 기다려라.

코칭과 피드백 강의를 하면서, 팀장들에게 '가장 힘든 게 무엇이냐?'고 물으면, 많은 이들이 '기다리는 것'을 꼽곤 한다.

기다리지 못하고 조바심을 내는 데에는 여러 이유가 있을 것이다. 팀의 목표가 압박하고 있는데, 목표달성을 위해 정신없이 뛰어도 모자랄 판에 느림보가 있으니 참을 수가 없다. 내 눈에는 코앞에 정답이 보이는데, 애먼 짓을 하는 것을 보니 인내심이 바닥난다.

하지만 참지 못하고 바로 고칠 부분을 지적해서는 팀원이 배울 기회를 빼앗게 되고 탁월한 성과에 도달하는 것을 막을 수도 있다. 팀장의 지적이 모두 맞는다는 보장도 없다. 팀원의 성

과를 높이기 위해서 팀장에게는 기다림의 미덕이 필요하다. 다른 관점으로 보는 노력도 필요하다. 그래도 인내하기 어렵다면, 팀원 스스로 문제를 해결할 수 있는 방법을 찾아서 제안해 보는 것이 좋다.

누군가 늘 감시하고 평가하기 위해 안달이 나 있다고 느끼게 하고, 그걸 토대로 해서 내 성과를 진단하고 평가하고 피드백한다면 이는 대부분 도움이 되지 않는다. 나를 귀하게 여기고 존중하며, 경험을 공유하고 느낌을 말하며, 잘하는 부분을 칭찬하고 인정하면서 성장하기를 기다려 준다면, 팀원은 더욱 효과적으로 스스로 탁월함을 발견하고 빛나게 될 것이다.

팀장의 말하기 기술
:나 메시지 I-message 와
저맥락 말하기

⸢공격성을 줄이고 공감을 만드는
'나 메시지 I-message'

성과코칭에서 팀장에게 요구되는 요소는 팀원을 제대로 관찰하기, 팀원에게 질문하기, 팀원의 의견을 경청하기, 팀원에게 칭찬과 변화를 전달하는 피드백 등이 대표적이다. 앞서 살펴본 내용들이다.

그런데 정작 팀장이 팀원에게 '어떻게 말해야 하는지'에 대해서는 잘 다루지 않는 듯하다. '팀장의 말하기'는 매우 중요하다. 팀장의 임무는 팀원을 통해서 성과를 만들어 내는 것이고, 그 방법은 '말'을 통해서 설명하고 전달함으로써 구체화하기 때문이다.

말 때문에 팀장의 리더십이 제대로 작동하지 않거나 불필요한 잡음을 만들어 내는 일이 얼마나 많은가? 그러므로 팀장의 말하기 기술을 잘 익힘으로써 탁월한 팀장으로 도약할 수 있기를 바란다.

팀장의 '말하기'는 대부분 피드백에 해당한다. 그러므로 피드백할 때에도 '나 메시지I-message' 말하기 기술을 사용할 것을 추천한다. '나 메시지'는 시카고 대학교 토머스 고든Thomas Gordon 박사가 주창한 것으로, 효과적인 말하기 기법 중 대표적인 방법론이다.

특히 교정적 피드백을 할 때 '나 메시지'는 매우 유용하다. 교정적 피드백은 엄밀히 따지면 팀장의 관점에서 본 사항을 지적하는 것이다. 상대가 그런 행동이나 결과를 만든 것은 그가 보기에는 별문제가 없다고 생각했기 때문일 수도 있다. '팀장의 관점'에서만 변화와 교정이 필요한 행동일 수도 있다는 것이다.

누군가의 변화나 교정을 요구하는 일은 쉽지 않다. 피드백을 받는 상대는 쉽사리 방어적이 되거나 합리화를 시도할 가능성이 크다. 때론 팀장의 주장이나 의견에 동의하기는커녕 자기주장을 강하게 내세우면서 반항적으로 나올 수도 있다. 팀장으로 하여금 교정적 피드백을 하는 게 부담스럽고 어떻게든 피하고 싶어지는 이유가 된다.

상대가 방어적이거나 공격적으로 반응하지 않도록 하면서 효과적으로 피드백하려면, 주제나 문제의 주체가 '너'가 아닌

'나'로 정의될 필요가 있다. 주인공을 '나'로만 바꿔도 훨씬 덜 공격적으로 느껴진다. 구체적인 예를 들어 살펴보자.

"자네는 마땅히 이런 일들을 해야만 해!" 이렇게 말할 때 주체는 '나'가 아닌 '너'가 된다. 하지만 "나는 자기가 이런 일을 해주었으면 좋겠어." 하고 말하면 주체가 '나'로 바뀐다.

'나 메시지I-message 말하기 기술'은 다음 3가지 단계로 이루어진다.

① 나의 입장에서 상대의 변화나 교정이 필요한 '행동behavior'을 말한다.

② 행동에 대한 나의 '느낌이나 감정feeling'을 말한다.

③ 내가 상대의 변화나 교정을 요구하는 논리적이고 확실한 이유와 근거로서, 변화나 교정이 필요한 상대의 행동이 초래한 '결과나 효과effects'를 말한다.

I-message는 '행동', '느낌·감정', '결과·효과', 이렇게 3가지로 구성된다고 이해하면 된다.

예를 들어서 살펴보자.

"나는 최 대리가 고객 전화응대를 위해서 아침 8시 30분까지 출근하지 않는 것(행동)을 알고서, 마음이 안 좋았어요(감정). 그렇게 되면 다른 사람이 최 대리 대신 자기 일을 멈추고 전화를 받아야 하잖아요(결과)." 이것이 '나 메시지'의 기본 형식이다.

앞에서 살펴본 교정적 피드백의 'AI^{2}D 공식'과 거의 유사하다. 사실 'AI^{2}D 공식'은 '나 메시지'를 약간 변형한 것으로 구체적인 나의 요구사항Desire을 추가한 것이다. '나 메시지'에서 나의 느낌과 행동의 결과를 말했으므로, 그 이면에는 당연히 변화나 교정의 요구가 담겨 있다.

'나 메시지'의 핵심은 주제나 문제의 주체가 '나'로 바뀐다는 점이다. 고든 박사가 최초로 제안한 '나 메시지'에는 구체적인 변화에 대한 요구는 들어 있지 않다. 나의 메시지를 전달했으니, 변화하는 것은 상대의 몫이라고 생각했기 때문이라고 생각한다.

'나 메시지 I-message 말하기 기술' 복습하기

다음 문장에서 각 부분이 '행동behavior', '결과effect', '감정feeling' 중 무엇인지 이니셜로 표기해 보자(B=행동, E=결과, F=감정).

"김 대리한테 프로젝트에 관련된 경과를 제때 보고 받지 못하면(   ), 나는 엄청 걱정이 되어서(   ) 다른 일에 집중할 수가 없어요(   )."

"박 대리가 이번 프로젝트에 빠진다고 하니(   ), 박 대리의 뛰어난 기획력을 활용할 수 없기에(   ) 나는 기운이 빠진다네(   )."

"정 주임이 지난주 분기 사업발표에서 보여준 프레젠테이션 능력을 보니(   ), 본부장한테 칭찬받고 인센티브도 받을 것 같아요(   ). 나는 정말 행복하고 기분이 좋아요(   )."

팀장의 성과코칭 말하기의 대표가 피드백인데, 구체적으로 말하기 기술로 들어가면 '나 메시지' 방식이 되도록 노력하면 훨씬 효과적인 대화가 될 것이다. 주제의 주체를 '너'가 아닌 '나'로 시작하는 것만으로도 상대의 부담과 반감을 크게 줄일 수 있기 때문이다.

'나 메시지' 말하기에서도 몇 가지 주의사항이 필요하다.

① **'나 메시지' 말하기의 의도는 기본적으로 상대를 돕고자 하는 것이다.** 그러므로 나무라는 식으로 상대방의 자존감을 상하게 해서는 안 된다. 상대를 돕고자 한다면, 상대에게 강제하기보다 요청하는 형식으로 하는 것이 바람직하다.

② **'나 메시지' 말하기는 '나 중심의 피드백'이다.** 그러므로 예를 들면, 상대의 어떤 행동에 대해 화를 낸 것이 아니라, 상대의 행동 때문에 '내가 화가 났다'는 사실을 말로써 알려주는 것이다.

③ **'나 메시지' 말하기에서 듣는 이는 내가 말한 것을 활용할 것인지, 활용한다면 어떻게 할 것인지 선택할 자유가 있다.** '나 메시지' 말하기는 상대가 나의 요구를 수용하도록 나의 기준을 강제하는 목적이 아니다. 가급적 나의 요구를 받아주면 좋겠지만, 나의 피드백을 사용할지 말지는 상대에게 달려 있다.

오해를 줄이고 원활히 소통하는 '저맥락low context 말하기'

최근 들어 강의에서 이른바 '저맥락 조직'과 '고맥락 조직'에 대한 얘기를 종종 하게 되는데, 대다수 리더가 이에 대해 깊이 공감한다는 것을 알 수 있었다.

인류학자 에드워드 홀Edward T. Hall의 책《문화를 넘어서Beyond Culture》에는 의사소통과 관련한 '고맥락high context-저맥락low context' 개념이 등장한다. 무슨 의미일까?

고맥락 조직에서의 의사소통은 표현에서 상대의 진의를 유추하는 과정이 필수적이다. 맥락이 중요하고 표현된 메시지 자체보다 그것을 전달한 사람이나 주위 환경 등이 의사소통에 훨씬 더 유용한 매체가 된다.

저맥락 조직에서의 의사소통은 표현된 메시지 자체로만 이루어지며 표현 방식 역시 매우 직설적이다. 그 말을 한 사람이나 주위 환경을 복잡하게 해석하기보다는 메시지만으로 소통이 되기에, 복잡하게 유추하는 단계가 필요 없다.

개념이 어렵지만 쉽게 요약하면, 말하는 그대로 이해되는 조직이 저맥락 조직이고, 말을 곧이곧대로 들어선 안 되고 이리저리 진짜 의미를 추측해야 하는 조직이 고맥락 조직이다.

유교적인 전통이 있는 동아시아가 대표적인 고맥락 사회라면, 미국이나 서구는 저맥락 사회에 가깝다. 같은 유럽이어도 형식과 예법을 중시하는 곳은 여전히 고맥락 사회의 유물이 남아 있다. 특히 우리 사회는 어떤가? 힘들어도 힘들다고 말하지 않고, 좋아해도 좋아한다고 표현하지 않는 것을 미덕이라 여긴다. 그래서 상대의 표정, 행동 같은 비언어적 요소를 열심히 살피거나 상황을 유추하고 나서야 비로소 상대의 메시지를 이해하는 경우가 많다. 의사소통에 불필요한 에너지가 너무 많이 소모되는 것이다.

그런데 MZ세대로 불리는 젊은이들은 다르다. 《88만원 세대》를 쓴 우석훈 박사는 요즘 MZ세대를 기존 세대와 비교해서 진정한 선진국 국민이라고 했다. 선진국의 풍요로움과 문화 등을 태어나면서부터 경험했다는 의미로 해석한다. 경제, 성장환경, 근무환경, 사고방식, 라이프스타일 등 모든 면에서 선진국 국민이 된 이들 세대는 고맥락 조직의 의사소통을 좋아하지 않는다. 개인적으로 이런 조직문화의 변화는 긍정적이라고 생각한다.

엘리자베스 뉴튼Elizabeth Newton의 실험은 고맥락-저맥락 의사소통을 잘 설명한다. 1990년 스탠퍼드 대학교에서 박사논문을 준비하던 뉴튼은 두드리는 사람tapper와 듣는 사람listener으로 실험 대상을 나눈 다음, 평소 친숙한 노래 120곡을 비트로만 유추해 맞히는 실험을 했다. 실험 전에 상대가 얼마나 맞힐 것인지 물었더니, 대다수가 50% 이상 맞힐 것이라고 추측했다. 하지만 실험 결과 단 3곡, 약 2.5%를 맞히는 데 그쳤다. 예측과 결과가 너무 큰 차이를 보인 것이다.

뉴튼은 이 실험의 제목을 '지식의 저주the curse of knowledge'라고 명명했다. '내가 아는 지식을 타인도 당연히 안다.'라는 고정관념에 매몰되어 나타나는 인식의 왜곡이다. 이는 극히 제한된 정보를 주고, 해석을 과도하게, 정확하게 요구하는 셈이다. 이는 고맥락 조직에서의 의사소통과 매우 유사하다.

우리는 일하는 조직이다. 성과와 결과가 가장 중요하다. 그러므로 그 어떤 조직보다도 표현하는 메시지 자체만 파악하면 되는 '저맥락 의사소통'으로 효율을 높여야 한다. 유추와 해석을 통해야만 정확한 메시지를 파악할 수 있는 조직은 전혀 바람직하지 않다. 유추와 해석이란 사람마다 다르다. 그러므로 메시지 역시 사람마다 다르게 전달된다는 의미이다. 그래서야 올바른 의사소통이 된다고 볼 수 없다.

팀장이라면 '나의 생각'이 팀원에게 잘 전달되도록 표현해야만 한다. 대충 얼버무리면서 상대가 알아들을 것이라고 기대해서는 곤란하다. 명확하게 말하지 않고 변죽만 울리면서 나의 뜻이 잘 전달되기를 바란다면, 반칙이다.

팀장의 의사전달 기술
: 어써티브 말하기와 프렙 말하기

⚑ 의사를 명확히 표현하는 '어써티브 assertive 말하기 기술'

팀장의 말하기 대부분은 팀원의 말이나 행동과 결과에 대한 피드백이라고 앞에서 살펴보았다. 그때 유용한 말하기 기술도 살펴보았다.

그런데 때로는 팀장이 능동적으로 방향을 제시하거나 자신의 의지나 뜻을 전달해야 할 때도 있다. 그런 경우 어써티브 말하기 기술이 유용하다.

일반적인 말하기 방식은 패시브 passive, 수동적 말하기, 어그레시브 aggressive, 공격적 말하기, 어써티브 assertive, 적극적 말하기로 구분된다. 각각의 차이를 살펴보자.

[표 4-2] 일반적인 말하기 방식 3가지

		남의 의견을	
		귀 기울여 듣는다	귀 기울여 듣지 않는다
나의 의견을	스스로 알고 표현한다	어써티브 말하기	어그레시브 말하기
	스스로 모르고 표현하지 않는다	패시브 말하기	X

출처: 김호(2016), p134 일부 재구성

어써티브 말하기를 우리말로 옮기면 '적극적으로' 혹은 '자신 감 있게'로 표현할 수 있지만, 원어가 가지는 함의를 제대로 전달하기 어려워 외래어 그대로 사용한다. 어써티브 말하기는 자기 의견이나 요구를 명확하고 존중받을 수 있도록 표현하는 기술을 말하며, 다음 몇 가지 요소로 구성된다.

① 명확한 언어를 사용해 말한다.

의사를 명확하고 간결하게 전달함으로써 상대가 이해하기 쉽도록 말한다. 피상적이거나 모호한 언어를 사용하기보다는 구체적이고 정확한 단어를 사용하는 것이 좋다.

② 적절한 어조와 발음으로 말한다.

어조를 진지하게 하고 명료한 발음으로 전달함으로써 확신에 찬 단호한 표현을 한다.

③ 적합한 바디랭귀지를 활용한다.

자세, 표정 등을 효과적으로 활용함으로써 의사를 명확히 전달한다. 자신감 있되 열린 자세로 상대방에게 의사를 표현한다.

④ 자기 자신의 상태를 자각하면서 말한다.

자기의 감정과 필요를 자각하는 것이 중요하다. 이것이 전제되어야 나의 진심을 효과적으로 전달할 수 있다. 불편한 감정이 든다거나 사적인 경계를 침범당하고 있을 때 알아차리는 것도 중요하다.

'어써티브 말하기'에서는 말하는 사람과 듣는 사람 모두의 요구가 존중되어야 한다. 나의 요구, 필요, 감정 등을 지지하지만, 더불어 상대의 요구도 귀 기울이고 존중한다. 확신에 차서 생각과 주장을 명확하게 표현하지만, 상대와의 타협과 협조 등에도 자발적이고 열린 모습을 갖는다.

사례를 통해 '어써티브 말하기' 기술에 대해 구체적으로 살펴보도록 하자.

주말을 앞둔 금요일이다. 그런데 월요일에 본부에 보고해야 할 준비가 완료되지 않았다. 팀장인 나는 야근을 해야 하는데, 같은 업무를 해야 할 김 대리는 퇴근 준비를 하고 있다. 김 대리가 퇴근하겠다며 인사한다.

• **패시브 말하기**: 문제를 회피하고 아무렇지 않은 듯 얼버무린다. 속은 썩어 들어가지만, 겉으론 애써 태연하게 말한다.

"아, 퇴근하게? 그래, 뭐 주말이고 한데.... 고생 많았어. 들어가...."

- **어그레시브 말하기:** 버럭 화를 내면서 불평불만을 있는 그대로 표현한다. 속은 시원할지 모르지만, 상대를 불편하게 만들 뿐 문제를 해결하는 데에는 별로 효과가 없다.

"김 대리! 지금 월요일 본부 보고 때문에 다들 정신없이 일하고 있는 거 안 보여? 아무리 눈치가 없어도 그렇지. 이러면 곤란해. 여기 팀장이 대체 누구야? 일일이 입 아프게 말을 해야 알아듣나? 원 참...."

- **어써티브 말하기:** 나의 생각이나 뜻한 바를 단호하게 말하되, 상대의 자존심이 상하지 않도록 하면서 전달한다.

"김 대리, 혹시 집에 특별한 일이 있나요? 없다면 월요일 본부 보고로 일이 많이 남았는데, 오늘 저녁에는 보고서 작성에 힘을 보태주면 좋겠어요. 함께 하면 다들 빨리 끝내고 집에 갈 수 있지 않을까 싶은데, 김 대리 생각은 어때요?"

상대의 마음을 상하지 않게 하면서, 팀장인 나의 생각이나 의도를 정확하게 전달한다. 어써티브 말하기는 타인의 권리와 의견을 존중하면서도 내 권리, 요구, 사적 경계를 지키면서 주장을 펴는 말하기 기법이다. 내가 하고 싶은 말을 단호하지만 부드럽게, 상대방을 배려하면서도 확실하게 전달하는 방법이다.

논리적으로 명확하게 표현하는 '프렙PREP 말하기 기술'

MZ세대를 설득하려면 논리적이고 합리적인 태도를 갖춰야 한다. 논리적인 말하기는 합리성과 공정성을 바탕에 두어야만 가능하다.

'프렙PREP 말하기 기술'은 논리적 말하기 연습에 매우 유용하다. 2021년에 직장인 1,200명을 대상으로 진행한 설문조사에 따르면 직원들이 가장 싫어하는 상사의 반응으로 '공감이 되지 않는 무논리(36.10%) 피드백'이 꼽혔다. '답정너' 스타일의 일방적인 피드백(2위, 29.50%), 앵그리버드 형 감정적 피드백(3위, 25.50%), '라떼는 말이야' 식의 꼰대형 피드백(4위, 8.30%) 등이 뒤를 이었다(출처: 김미애 외(2022)).

논리적인 말하기야말로 팀장 말하기의 필수요건인 것이다.

① PPoint: 중심이 되는 요점, 결론, 핵심 메시지를 먼저 말한다.
② RReason: 근거가 되는 이유를 말한다.
③ EExample: 이해를 돕기 위해 예를 들어서 설명해 준다.
④ PPoint: 요점을 다시 한번 강조해 결론으로 말한다.

팀장이 새롭게 진행되는 프로젝트에 관한 요청사항을 전달한다고 하자. 팀장은 '프렙 말하기 기술'을 활용해 다음과 같이 자기 생각을 논리적으로 말할 수 있다.

"이번 프로젝트에서는 무엇보다 인원 확보 point가 중요합니다. 현재 3명인 인원으로는 일을 원활하게 진행하기 어렵기 때문 reason입니다. 작년에 유사한 기획으로 진행된 프로젝트에서 3명이 진행한 결과가 좋지 않았습니다. B사도 이 프로젝트에 최소 5명을 투입하고 있는 현실입니다 example. 따라서 이번 프로젝트 성공을 위해서는 인원 확보가 필수적인 것입니다 point."

짧고 간결한 말하기지만, 논리적이기 때문에 상대를 설득할 가능성이 높아진다.

하버드 대학교 엘렌 랭어 Ellen J. Langer 교수가 한 '복사기 실험' 역시 논리적인 말하기의 위력을 잘 설명해 준다. 도서관 복사기 앞에 길게 줄을 서 있는 사람을 대상으로 양보를 얻어내야 한다. 어떻게 말하는 것이 좋을까?

"실례합니다. 제가 5장만 복사하면 되는데, 먼저 해도 될까요?"

이렇게 양해를 구하자, 평균적으로 60% 정도 양보했다. 겸손한 말투만으로도 상당한 설득력을 갖게 된다.

"실례합니다. 제가 5장만 복사하면 되는데, 먼저 해도 될까요? 급한 일이 생겨서요."

근거reason를 덧붙이자, 양보를 받아낸 확률이 94%로 확 늘었다. 내가 주장하는 바에 대한 명확한 이유나 근거를 추가하는 것은 말하기에 논리를 부여하는 핵심적인 장치인 것이다.

논리적인 말하기는 상대방을 설득하는 좋은 수단이다.

앞서 구성원이 가장 싫어하는 말하기가 '공감이 되지 않는 무논리한 피드백'이라고 했다. 가장 싫어한다는 것은 그만큼 수용력이 떨어진다는 의미이다. 팀원과 조직의 수용력을 높이고 설득력을 갖추기 위해서는 논리적인 '프렙PREP 말하기 기술'을 훈련할 필요가 있다.

리더의 피드백과 말하기 기술

지지적 피드백 'CAN 칭찬 피드백 기술'

☐ **C** *Catch*: 칭찬을 건넬 만한 기회를 '포착'한다.

☐ **A** *Action*: 구체적인 '행동'에 대해서 칭찬한다.

☐ **N** *Nutrition*: 팀원의 행동이 팀장이나 조직에 어떤 자양분을 제공했는지 말한다.

교정적 피드백 'AI²D 교정 피드백 기술'

☐ **A** *Action*: 교정이 필요한 '행동'만 언급한다.

☐ **I** *Impression*: 행동으로 생겨나는 느낌과 감정을 말한다.

☐ **I** *Impact*: 행동이 팀장과 팀에 미치는 '영향'에 대해서 설명한다.

☐ **D** *Desire*: 문제해결을 위한 '변화' 요구를 말한다.

나 메시지 I-message 말하기 기술

☐ 나의 입장에서 상대의 변화나 교정이 필요한 '행동 *behavior*'을 말한다.

☐ 행동에 대한 나의 '느낌이나 감정 *feeling*'을 말한다.

☐ 내가 상대의 변화나 교정을 요구하는 논리적이고 확실한 이유와 근거로서, 변화나 교정이 필요한 상대의 행동이 초래한 '결과나 효과 *effects*'를 말한다.

어써티브 assertive 말하기 기술

☐ 명확한 언어를 사용해 말한다.

☐ 적절한 어조와 발음으로 말한다.

☐ 적합한 바디랭귀지를 활용한다.

☐ 자기 자신의 상태를 자각하면서 말한다.

프렙 PREP 말하기 기술

☐ **P** *Point*: 중심이 되는 요점, 결론, 핵심 메시지를 먼저 말한다.

☐ **R** *Reason*: 근거가 되는 이유를 말한다.

☐ **E** *Example*: 이해를 돕기 위해 예를 들어서 설명해 준다.

☐ **P** *Point*: 요점을 다시 한번 강조해 결론으로 말한다.

ONE-ON-ONE PERFORMAN CE💬REVIEW

제5장

매끄러운 성과면담을 위한 커뮤니케이션의 기본 구조

FOR 💬 TEAM LEADERS💬

탁월한 성과코칭의
4단계 프로세스 '1P+3S'

차근차근 스텝을 밟아야
원활한 성과코칭이 가능하다

박 팀장은 며칠 동안 본부 보고 때문에 정신이 없다. 어제도 늦게까지 자료 준비를 하느라 저녁도 제대로 못 먹었다. 자정 무렵에 퇴근하고 잠깐 눈만 붙이고 다시 출근하는 신세다.

오늘은 아침부터 팀원들과 성과평가 면담이 계획돼 있다. 팀원들의 자기점검서를 받은 지 며칠이 지났지만, 아직 읽지도 못했다. '아… 참, 김 대리의 금년도 목표가 뭐였지? 정량목표와 정성목표가….'

부랴부랴 회사 성과평가 시스템에 들어가 본다. 생산관리팀 팀

원의 목표설정 사항을 급하게 읽어 내려간다. '도중에 내가 무슨 피드백을 준 것 같은데, 기록이…'

그때 노크 소리가 들린다. "팀장님, 들어가도 될까요?" 김 대리다. 준비가 하나도 안 돼 있는데 어쩐담? 목소리를 가다듬고 말한다. "들어와, 오늘 성과평가 면담이지?"

겉으론 태연한 척하지만, 면담을 어떻게 할지 난감하다. 자기점검서와 목표설정 시트조차 확인하지 못한 게 실수다. '제대로 준비 좀 할 걸.'

뒤늦게 후회해야 소용없다. 오늘 김 대리와의 성과평가 면담에서 좋은 결과가 나오기는 어려울 것 같다.

성과코칭이 효과적으로 이루어지려면, 프로세스에 맞춰 진행할 필요가 있다.

여기서는 뒤에서 설명할 '주요 단계별 대화'의 전체적인 프로세스를 이해하는 시간을 갖고자 한다. 어떤 주제로 성과코칭을 하든, 기본적으로 이 프로세스를 이해하고 있으면 중심을 잃지 않을 것이다.

성과코칭의 프로세스는 준비Prepare, 시작Starting, 공유Sharing, 확인Seeing, 이렇게 4단계로 진행된다. '1P+3S'로 암기하면 좋다. 필자의 책《팀장 리더십 수업》에도 소개된 내용이다.

① 준비 Prepare: **성과코칭이 주제에서 벗어나지 않도록 미리 점검한다.**

성과코칭에서 준비는 필수적이다. 팀장과 팀원 양측 모두 면담을 시작하기 전에 시간을 두고 준비하는 과정이 필요하다. 성과 관련 데이터와 피드백을 수집하고, 어떻게 대화를 진행할지 계획을 세운다면, 효과가 훨씬 커진다. 성과코칭은 일정한 성과 달성기간(분기, 반기, 1년 단위)에 대한 점검(중간) 혹은 평가(최종)의 의미를 갖기 때문이다.

①-1 팀장의 '준비' 체크리스트는 다음과 같다.

☐ 팀원의 성과와 관련된 정보: 팀원의 자기점검서와 별개로 팀장 스스로 정리한 기본자료

☐ 팀장의 개인노트

☐ 팀원과 이전 성과점검 미팅 때 토의했던 우선과제·목표

☐ 팀원과 성과달성기간에 공유한 기타 정보

☐ 팀원의 성과를 보여주는 데이터

☐ 목표달성 또는 미달성의 구체적인 사례

☐ 고객·동료 직원으로부터의 피드백

☐ 목표달성을 가능하게 한 특별한 기술, 지식 또는 의견

①-2 팀원의 '준비' 사항은 자기평가서이며, 다음과 같은 내용이 포함되어야 한다.

☐ 업무를 통해 조직의 비전과 목표를 달성하기 위해 어떻게 해야 한다고 생각하는가?

☐ 성과달성기간에 구체적으로 어떻게 해야 개인 목표달성은 물론 팀에 큰 기여를 할 수 있다고 생각하는가?

☐ 목표를 달성하는 데 가장 필요한 핵심역량(KSA: 지식, 스킬, 능력)은 무엇이라고 생각하는가?

☐ 고객·동료로부터 어떠한 피드백을 받았는가?

☐ 성과를 개선하기 위해서 어떻게 해야 하는가?

☐ 배운 점은 무엇인가? 향후 실행할 가치가 있다고 생각되는 점은 무엇인가?

☐ 성과달성기간에 팀장으로부터 어떠한 지원이 필요하다고 생각하는가?

☐ 지난 성과를 검토할 때 아쉬운 점은 무엇인가?

② 시작Starting: **팀원과 함께 성과코칭대화를 개시한다.**

실제 팀원과 성과코칭을 진행하는 단계이다. 팀원의 자기점검 결과를 경청하고 목표에 대해 함께 토의함으로써, 적극적 참여를 유도할 수 있다. 또한 핵심포인트를 좀 더 효과적으로 논의할 수 있다.

②-1 팀원이 자기평가서의 핵심포인트를 말하게 한다.

그러려면 면담을 시작하기 전에 팀원 스스로 자기평가서에 작성한 질문과 답변 내용을 요약해서 설명할 수 있는지 여부를 확인할 필요가 있다. 만약 팀원이 자기평가서를 준비하지 못했다면 미팅은 연기해야 한다. 팀원이 적극적으로 참여해야만 문제를 해결해야겠다는 동기도 부여될 수 있기 때문이다.

②-2 팀원이 말하는 도중에 팀장이 끼어들지 않는다.

팀원이 자기평가 결과를 말하는 동안에 팀장이 끼어들어서 자기 의견을 말해선 안 된다. 팀장의 의견은 차후 핵심포인트에 대해 언급할 때 말하면 된다. 자기평가 결과를 들을 때에는 다음 사항을 준수한다.

☐ 경청한다.

☐ 방어적인 태도를 피한다.

☐ 메모한다.

②-3 팀원이 자기평가를 완료한 다음 '확대형 질문'을 한다.

더 많은 정보를 수집하고 진위를 확인하기 위한 확대형 질문을 한다. 팀원의 답변을 경청하기 위한 열린 질문이어야 함을 잊지 말자.

☐ 목표는 어떻게 진행되고 있습니까?

☐ 목표 추진 과정에서 무엇을 배웠습니까?

☐ 목표 추진 과정에서 도움이 되었던 요소는 무엇이었습니까?

☐ 목표 추진 과정에서 장애물은 무엇이었습니까?

☐ 과거를 돌이켜보았을 때 아쉬웠던 점은 무엇입니까?

☐ 다른 사람들의 평가는 어떠했습니까?

②-4 목표에 관한 팀원과의 본격적인 토의를 유도한다.

효과적인 확대형 질문으로 팀원의 의견을 충분히 끌어내었다면, 이제 본격적인 토의를 하는 단계이다. 이때에도 팀장이 주도적으로 말하기보다는 팀원의 말을 끌어내어 경청하는 것을 기본 원칙으로 삼는다. 이 과정에서 업무 목표 혹은 조직의 목표뿐만 아니라 팀원 개인이 가진 미래에 대한 열망까지도 효과적으로 다룰 수 있다.

☐ 확대형 질문으로 팀원의 목표를 파악한다.

☐ 팀원의 목표를 달성하는 데 도움이 될 만한 전략을 제안한다.

☐ 팀원의 목표를 이해한다면, 토의를 더욱 효과적으로 진행할 수 있다.

팀원은 팀장의 성과코칭을 먹고 자란다는 것을 잊지 마라

준비가 되어 있고 업무와 발전에 열망을 가진 팀원이라면, 팀장의 평가와 조언을 간절하게 기다릴 것이다. 팀장이 얼마나 차근차근 이 과정을 진행하느냐에 따라 실질적인 팀장의 성과코칭이 제대로 효과를 발휘할지가 결정된다. 팀원의 성공이 곧 나의 성공이라는 생각으로 정성을 다해 진행할 필요가 있다.

③ 공유Sharing: 핵심포인트를 팀원과 실제로 공유한다.

③-1 팀원이 핵심포인트를 중점적으로 다루도록 집중해서 제시한다.

☐ 팀원이 기억하기를 원하는 메시지를 정확히 전달한다.

☐ 평가결과를 구체적인 것까지 상세히 언급할 필요는 없다.

☐ 칭찬할 만한 점을 찾아 이를 먼저 언급하면서, 다루고자 하는 핵심포인트를 강조한다.

☐ 팀원의 목표, 성과의 구체적인 예, 고객 또는 동료직원의 평가의견 등 사실적 데이터만을 토대로 개선할 부분에 대해서 토의한다.

☐ 협력적인 분위기를 유지하되 팀장의 의견을 정확히 표현한다. 핵심포인트를 강조하되 확대형 질문을 꾸준히 함으로써 일방적인 토의 분위기가 되는 것을 지양한다.

③-2 주요 성과문제 해결에 주목한다.

☐ 주요 성과문제를 해결할 때, 핵심포인트와 관련한 부분만을 다룬다.

☐ 팀원의 목표, 성과의 구체적인 예, 고객 또는 동료직원의 평가의견 등의 사실적 데이터만을 근거로 한다.

□ 성과문제를 팀원의 목표와 조직의 목표와 연관시켜 지적한다.

□ 일방적인 설교가 되지 않도록 주의한다.

□ 필요하다면 언제든지 상대방의 의견을 반영하여 시정할 가능성이 있다는 태도를 보여준다.

④ 확인 Seeing: 향후 수정계획을 수립하고 확인한다.

팀장이 강조한 핵심포인트를 팀원이 정확히 숙지했는지를 확인할 필요가 있다. 핵심포인트가 향후 성과달성기간에 보여줄 팀원의 성과에 지대한 영향을 미치기 때문이다. 또한 이 과정에서 수정된 계획을 수립할 수도 있다. 성과코칭의 목표는 팀원이 앞으로는 더 효과적으로 업무를 수행하도록 도와주는 것이기 때문이다.

④-1 팀원이 조직에 기여한 바를 인정한다.

□ 팀원이 조직에 기여한 바를 칭찬하되, 구체적인 사례를 예로 들어 설명한다.

□ 팀원의 성과개선에 대해 신뢰를 표현한다.

□ 지속적인 지원을 약속한다.

④-2 팀원에게 핵심포인트와 오늘 행했던 미팅의 요점을 정리할 것을 요청한다.

개선 및 학습의 기회를 다시 한번 강조한다. 이때 학습 기회를 핵심포인트와 연계해 설명한다.

다음과 같은 차후 단계에 대해서도 합의를 도출한다.

☐ 교육 또는 기타 개발의 기회

☐ 신규 또는 확대된 업무

☐ 팀원에 대한 지원 제공 방안

☐ 수정된 장기 또는 단기 성과목표

☐ 신규 또는 개정 절차

성과코칭 프로세스는 '1P+3S'다. 주제에서 벗어나지 않도록 하는 ① 준비Prepare하고, 팀원과 함께 성과코칭대화를 ② 시작Starting하며, 핵심포인트를 팀원과 ③ 공유Sharing하고, 향후 수정계획을 수립하는 ④ 확인Seeing한다.

성과코칭의 기본구조
4단계 GROW 모델

⌐ 성과관리의 핵심은 커뮤니케이션이다

성과관리 강의를 할 때, 참가자들에게 '성과관리를 딱 한 줄로 명쾌하게 정의한다면?' 하는 질문을 종종 던지곤 한다.

평소 팀장으로서 고민하던 다양한 답이 나오곤 한다.

"성과관리는 목표관리이다."

"성과관리는 경영관리이다."

"성과관리는 리더의 숙명이다."

"성과관리는 평가이다."…

모두 타당하고 의미 있는 답변이다. 그런데 참가자가 작성한 것 중 정말 마음에 드는 정의가 있었다.

"성과관리는 대화(커뮤니케이션)이다!"

조직에서 리더와 팀원의 대화, 즉 원활한 커뮤니케이션이 곧 궁극적인 성과와 연결되는 경우가 대부분이다. 일상의 가벼운 스몰토크small talk라도 좋다. 모든 소통은 어떤 형태로든 대부분 성과와 연결된다. 성과코칭 역시 큰 의미로 보면 커뮤니케이션이다. 그러기에 서로가 오해 없이 진심을 말하고 경청하며 공감하는 것이 목표인 것이다.

성과코칭의 구조는 《코칭 리더십》의 저자 존 휘트모어John Whitmore가 주창한 '4단계 GROW 모델'을 기반으로 한다.

① 성과코칭 1단계: 대화의 '목표Goal'를 분명히 한다.

팀장과 팀원이 대화를 시작할 때, 아무런 목표 없이 대화하는 것은 별로 바람직하지 못하다.

대화의 목표가 분명해야 한다. 조직에서 급여를 받는 팀장과 팀원이 아무런 목표도 없이 그냥 만나서 아무 얘기나 할 수는 없는 노릇이다.

그러므로 팀장은 팀원을 만난 이유, 즉 목표를 명확히 제시할 필요가 있다.

목표를 명확히 하는 것은 바쁜 와중에 이뤄지는 성과코칭이 압축적이면서도 효과적으로 진행되기를 원하기 때문이다. 목표가 없이 대화하면서 팀원이 핵심을 깨닫기를 바라는 것은 팀장의 바람직한 태도가 아니다.

성과코칭의 주제는 미리 상호 간에 동의한 상태이면 좋다. 팀원도 그 주제에 대해 나름 준비할 수 있기 때문에 성과코칭은 훨씬 효과적이 될 수 있다.

"김 대리, 오늘 우리는 지난번 미팅 때 언급했던 2/4분기에 김 대리에게 새롭게 추가될 신규 업무에 관해 얘기하려고 합니다."

"오늘 김 대리와 이야기하는 것은 김 대리와 내가 우리 팀에게 갖는 관점을 공유하고, 앞으로 김 대리의 성장을 위해 어떤 목표와 교육 계획이 필요한지 알기 위함입니다."

② 성과코칭 2단계: 팀원의 '현실인식 Reality'을 확인한다.

목표를 향해 나아가려면 현재 우리가 처한 현실을 명확히 파악해야 한다. 상황은 긍정적일 수도 있고 부정적일 수도 있다. 팀원의 현실인식을 알아보는 대화가 필수적이다. 팀원이 지금 자신이 처한 현실을 어떻게 인식하고 있는가를 확인하는 것은 매우 중요하다.

현재 상황을 낙관적으로 보고 있느냐 아니면 매우 비관적으로 보고 있느냐를 확인하고, 그에 따라서 어떤 장애요인이 있다고 생각하는지 확인하는 단계이다.

여기서 현실인식이란 리더인 팀장의 입장이기보다 당연히 팀원의 관점이어야 한다. 현실인식의 대상에는 팀원이 처한 외부적인 환경, 외부적인 조건뿐 아니라 내부적으로 갖는 감정, 의지 등도 포함된다.

> "김 대리가 온라인 신규고객 창출이라는 신규 업무를 맡았을 때, 가장 어렵게 느껴지는 부분이 무엇인가요?"
>
> "새로운 업무를 맡게 될 때, 현재 업무에서 발생할 만한 문제가 있는지 말해 줄 수 있을까요?"

③ 성과코칭 3단계: 해결책이 될 만한 '선택지 Option'를 찾는다.

목표를 확인하고 그것을 달성하는 데 도움이 되거나 장애가 되는 현실인식을 명확히 했다. 이제 '최선의 해결안'을 찾는 단계로 넘어가야 한다. 목표에 도달할 수 있는 최적의 해결안을 찾는 과정이다.

최적안이라고 함은 팀원이 이미 보유한 것, 즉 할 수 있는 것 중 최선이어야 한다는 의미다. 절대적 최선, 즉 정답이 아니라 팀원이 할 수 있는 최대치 내에서의 상대적 최선이다.

팀원의 관점에서 현실인식, 특히 장애요인이나 불편한 상황에도 불구하고 시도할 수 있는 최적의 해결안을 찾아가는 과정이다. 이 단계에서는 문제를 해결할 수 있는 자원과 전략을 찾도록 돕는 것이 팀장의 역할이다.

사람들은 대부분 이미 해결할 자원과 해답을 가지고 있음에도 불구하고, 방법이 없다고 생각해서 스스로 한계를 짓는 경우가 많다. 리더는 팀원에게 충분한 변화의 능력이 있고 다양한 해결방안을 갖고 있음을 일깨워주고, 가장 효과적인 방법을 찾을 수 있도록 도와야 한다.

팀원 혼자서는 잘 찾아내지 못했던 창의적인 아이디어나 시도하기 어려워하는 새로운 대안과 전략을 찾고 선택할 수 있도록 격려하고 지원해야 한다.

> "그럼, 김 대리 입장에서 새로운 업무를 잘 추진해 나가기 위해서 가장 먼저 해야 할 일이나 준비해야 할 일은 무엇인가요?"
> "김 대리가 제시하는 최상의 솔루션은 무엇인가요?"
> "김 대리는 어떤 방법으로 이 문제를 해결할 수 있을까요?"

④ 성과코칭 4단계: 해결안을 수행할 팀원의 의지Will를 확인한다.

해결안이 선택된 상태에서 팀원의 의지를 확인하는 단계이다. 팀원은 팀장과의 대화를 통해 본인 스스로 해결안을 선택했다. 이제 실천으로 넘어가야 한다.

해결안대로 효과적으로 실행하려면 어떻게 해야 할지 구체화해야 한다. 실천계획을 만들고 그것을 실행할 의지와 헌신을 요청할 수 있다.

"이 해결안을 진행하기 위해 단계별 실천계획은 무엇인가요?"

"각 단계별 실천계획에서 김 대리가 가장 중점을 두어야 할 부분은 무엇인가요?"

"혹시 팀장인 내가 도와줘야 할 부분은 무엇인가요?"

의지를 확인하는 이 마지막 단계에서는 팀원의 계획과 앞으로 기울일 노력에 대해 칭찬하고 격려하는 것도 중요하다.

"김 대리의 적극적인 모습에 감동받았습니다. 앞으로 성장할 김 대리의 모습이 많이 기대됩니다. 화이팅입니다!"

성과코칭의 기본적인 구조는 '4단계 GROW 모델'이다. 실제로 해 보면 어렵지 않다는 것을 알게 될 것이다. 이 대화의 흐름은 어찌 보면 인간의 커뮤니케이션 하는 자연스러운 흐름이다. 대화의 주제를 정하고(1단계 Goal), 현실을 파악하고(2단계 Reality), 그럼에도 해결안을 찾고(3단계 Option), 그 해결안을 실천할 계획을 구체화하고 서로 일정과 책임을 확인(4단계 Will)하는 것이다.

다음 장에서는 성과코칭대화에 필요한 단계별 핵심활동에 대해 살펴볼 것이다. 핵심활동의 흐름 역시 '4단계 GROW 모델' 구조와 크게 다르지 않다.

GROW 모델에 의한
성과코칭 예시

순서	성과코칭대화 예시
1단계 Goal (목표제시 및 확인)	• "김 대리, 오늘 우리는 지난번 미팅 때 언급했던 2/4분기에 새롭게 추가될 김 대리 신규업무에 대해 얘기를 하려고 합니다." • "오늘 김 대리와 이야기하려고 하는 것은, 김 대리와 내가 우리 팀에 갖는 관점을 서로 공유하자는 것과 김 대리가 더 성장하기 위해 어떤 목표와 교육 계획을 갖고 있는지를 알려고 하는 것입니다." • "좋아요, 오늘 미팅은 지난 상반기 동안 김 대리가 했던 과제들을 돌아보며 잘한 것과 부족했던 것을 함께 나누고 좋은 대안을 찾는 시간이에요."
2단계 Reality (현실인식)	• "김 대리가 새로운 업무, 즉 온라인 신규고객 창출을 맡을 때, 가장 어렵게 느껴지는 부분은 무엇인가요?" • "새로운 업무를 맡을 때, 현재 업무에서 발생할 만한 문제가 있는지 말해 줄 수 있을까요?" • "김 대리는 올 상반기를 돌이켜 보고, 가장 만족스러운 부분이 무엇인가요? 또 가장 개선이 필요했던 부분은 무엇이라고 생각하나요?"

3단계 **Option** **(대안 탐색)**	• "그럼, 김 대리 입장에서 현재 새로운 업무를 잘 추진해 나가기 위해, 가장 먼저 해야 할 일, 준비해야 할 일은 무엇인가요?" • "김 대리가 제시하는 최상의 솔루션은 무엇인가요?" "김 대리는 어떤 방법으로 이 문제를 해결할 수 있을까요?" • "하반기 최종 평가미팅에서 김 대리가 만족하는 평가결과를 얻기 위해서는 무엇을 더 개선할 수 있을까요? 그 방법은 무엇인가요? • "김 대리 스스로 해야 할 방안과 팀장이나 회사에서 도와줘야 할 부분이 있을까요?
1단계 **Will** **(실천의지 및** **확인)**	• "그 해결안을 진행하기 위해 단계별 실천계획은 무엇인가요?" • "각 단계별 실천계획에서 김 대리가 가장 중점을 두어야 할 부분은 무엇인가요?" • "김 대리의 적극적인 모습을 많이 칭찬합니다. 앞으로 성장한 김 대리의 모습이 많이 기대됩니다. 홧팅입니다.^^" • "오늘 대화는 무척 유익했던 것 같아요. 김 대리님의 강점이 잘 활용되고 계획이 잘 진행되도록 저도 관심을 갖고 살펴볼게요. 다음 분기 미팅 때 진척도를 같이 점검해 봐요."

ONE-ON-ONE
PERFORMAN
CE💬REVIEW

제6장

**팀장이 수행해야 할
성과면담 단계별 핵심 활동**

FOR💬TEAM
LEADERS💬

성과면담 1단계
_업무를 중심으로 대화 계획하기

⚑ 성과코칭대화를 제대로 하려면 어떤 준비가 필요할까?

    성과코칭대화의 주요 단계는 '성과대화 계획하기', '성과기대 명확히 하기', '성과문제 교정하기', '성과결과 리뷰하기'로 이루어진다.

    성과코칭대화의 주요단계는 성과관리 분야의 최고 전문가인 딕 그로테Dic Grote 의《The performance appraisal, question and answer book》과 세계적인 리더십 전문기관인 어치브글로벌Achieve Global의 교육훈련 프로그램을 참고하였다.

    성과코칭대화의 1단계는 대화를 '계획'하는 것이다.

160

박성만 팀장은 작년에 이현수 대리와의 성과평가 미팅에서 좋지 못한 경험이 있다.

이 대리는 자신이 추진한 업무를 과대포장해 설명하는 경향을 보여주었다. 박 팀장은 그가 말한 대로 팀을 위해 주목할 만한 성과를 만들었다고 평가하기 힘들었다. 그런데도 이 대리는 자신을 잘 과시하고 문서도 잘 만들어 보고한다. 그러다 보니 그 주장과 내용에 딱히 반박하기 어렵다. 내심 높은 평가를 줄 수 없다는 생각이 들지만, 그렇다고 반박할 만한 포인트도 찾지 못했다.

박 팀장은 성과평가 면담을 제대로 준비하지 못해 이 대리한테 좀 당했다는 느낌을 지울 수 없었다. 이 대리가 요구한 높은 성과평가를 받으려면, 그만큼 공헌이나 성과창출이 있어야 하는데 그렇지 못했다.

결국 박 팀장은 이 대리의 업무를 꼼꼼히 분석하지 않고 제대로 준비하지 못한 상태에서 성과평가 미팅을 진행한 것이 문제라 판단했다. 박 팀장은 팀 내 상급자인 이 대리의 업무가 조직(팀)이 달성하고자 하는 '미션·목표·핵심가치', 즉 우리 팀이 달성하고자 하는 큰 그림과 동일 선상에 있는지 꼼꼼히 확인해야 한다고 결론지었다. 작년에 제대로 준비하지 못했기에 올해는 철저히 계획하고 준비하려고 한다.

계획을 잘 세우면, 팀장과 팀원 양측 모두 자신의 기대치를 확립할 수 있는 기초를 잘 마련할 수 있다. 성과코칭대화의 1단계 '계획'에서 필요한 팀장의 핵심활동에 대해 알아보자.

①-1 성과코칭대화 계획 1: 핵심업무를 열거한다.

팀원의 핵심업무를 열거하다 보면, 업무량, 그리고 업무 수행 중에 맞닥뜨릴 만한 난제를 보다 잘 이해할 수 있다. 지속적으로 수행해야 하는 업무, 일시적으로 맡은 업무나 프로젝트, 팀 업무, 개발기회 등으로 분류해서 핵심업무를 열거한다. 열거된 핵심업무에 강화해야 할 활동이 모두 포함되었는지도 최종적으로 확인한다.

①-2 성과코칭대화 계획 2: 조직의 핵심가치를 토대로 각 업무의 가치를 평가한다.

팀장은 다음 평가기준에 맞춰 ①-1에서 나열한 팀원의 핵심업무에 대해 질문하고 답한다.

☐ 업무를 통해 달성하고자 하는 목표는 무엇인가? (0-1-2-3-4-5)

☐ 조직의 목표에 어느 정도 기여하는가? (0-1-2-3-4-5)

☐ 조직의 전략 실현과 어떠한 연관이 있는가? (0-1-2-3-4-5)

특히 두 번째 항목, 즉 '조직의 성공에 어느 정도 기여하는가?'

여부가 업무의 우선순위를 결정짓는 핵심 기준이다. 각각의 업무가 조직의 전반적인 성공에 이바지하는 바를 고려한다. 0~5의 척도를 활용해 각각의 업무를 평가한다. 조직에 끼치는 영향이 전무하면 0, 막강한 영향을 끼치는 경우는 5로 평가한다.

①-3 성과코칭대화 계획 3: 업무의 우선순위를 정한다.

가장 높은 성과를 올릴 수 있는 업무부터 먼저 수행하도록 우선순위를 매긴다. 이때의 기준 역시 조직의 전반적인 성공에 대한 기여도이다.

만약 2~3가지 업무의 우선순위가 동일하다면, 다음의 기준에 따라 순위를 정하라.

☐ 팀원들이 공유하는 업무보다 직원 개인의 업무가 우선한다.

☐ 다른 팀원이 대신할 수 있는 업무보다 해당 직원만 수행할 수 있는 업무가 우선한다.

☐ 짧은 시간에 가장 큰 효과를 내는 업무가 우선한다.

성과코칭대화 준비에는 수치와 데이터 수집이 필수적이다

①-4 성과코칭대화 계획 4: 우선순위가 높은 업무에 대한 측정 가능한 목표를 수립한다.

측정가능한 목표를 수립하게 되면, 성과 및 진척상황을 객관적으로 평가하기가 쉽다. 또한 팀원 각자가 주인의식을 가지고 업무를 책임감 있게 수행하도록 유도할 수 있다. 먼저 특정 업무에 대한 목표를 수립한다. 그에 따른 성과outcome를 측정가능한 수치로 표현한다.

예를 들어 '고객서비스 담당 직원을 대상으로 한 신규 소프트웨어 프로그램 교육을 개발·운영'하는 업무를 수행한다고 하자.

이 업무의 목표는 '모든 고객서비스 담당 직원이 신규 소프트웨어 프로그램 사용법을 알게 한다', '모든 고객서비스 담당 직원이 신규 프로그램을 활용한다', '대기시간에 관한 고객의 불만 건수를 줄인다, 비용은 예산을 초과하지 않는다' 등이다.

[표 6-1] 성과코칭대화 계획: 목표의 4가지 고려사항

목표의 4가지 고려사항	기준 예시
품질	고객 불만 건수 고객 만족도 고객 불만족도 정확도
양	생산량 또는 판매량
비용	제품 단위당 비용 또는 생산소요 시간당 비용 초과근무 발생 매출액 또는 수익
시간	납기 준수 또는 미준수 여부 지연기간 납기 이전 업무완수 여부

이 경우 목표로 하는 성과를 '측정가능한 수치'로 표현하는 것이다. 이때에는 목표의 4가지 고려사항을 기준으로 한다. 품질, 양, 비용, 시간 등이 그것이다.

이렇게 하면 팀원이 우선순위를 갖고 수행해야 할 업무 각각에 대한 측정가능한 성과목표가 도출된다.

①-5 성과코칭대화 계획 5: 측정할 데이터 수집 계획을 세운다.

성과코칭대화 계획에는 각각의 핵심업무에 대한 측정가능한 목표를 평가할 데이터를 수집하는 일도 포함된다. 수집된 자료는 성과평가 자료로 활용된다.

데이터를 수집할 때는 목표의 핵심적인 측면을 고려한다. 특별히 알고자 하는 부분을 중점적으로 평가할 필요가 있기 때문이다.

목표의 핵심적 측면을 파악하려면 성과를 추적하고 목표달성을 측정하는 데 필요한 적절한 데이터 원천data source이 무엇인지를 파악해야 한다. 그러나 아예 무無의 상태에서 데이터를 만들 수는 없다. 가능하다면 이미 수집된 다음과 같은 데이터를 활용한다. 한 가지 유의할 점은 수집된 데이터로 인해서 업무흐름에 방해가 되거나 업무량이 늘어나지 않도록 하는 것이다.

☐ 재무 관련 데이터   ☐ 고객만족도 설문조사
☐ 생산성 보고서   ☐ 각종 기록부 및 체크리스트
☐ 업무 및 생산 일정표

성과코칭대화의 1단계 '성과코칭대화 계획'에는 핵심업무를 열거하는 것, 조직의 핵심가치를 토대로 각 업무의 가치를 평가하는 것, 업무 수행의 우선순위를 정하는 것, 우선순위가 높은 업무의 측정가능한 목표를 수립하는 것, 측정할 데이터 수집 계획을 세우는 것, 이렇게 5가지 핵심활동이 필요하다.

핵심활동을 하는 데 필요한 체크리스트는 이 장의 맨 뒤에 템플릿 형식으로 삽입했으므로, 실제 업무에서 적절하게 활용하길 기대한다.

성과코칭대화 2단계
_ 성과기대를 명료화하기

팀장이 기대하는 바를
팀원이 정확히 인식하게 하라

이미숙 대리의 업무는 창구에서 고객의 입출금을 다루는 것이었다. 그러나 올해의 새로운 업무분장에 따라서 이 대리는 고객 상담 업무를 진행하게 되었다. 이 중 상당 부분은 상품 판매이다. 이 대리는 내심 이 업무를 통해 조직에서 성장하고 인정받고 싶어 하지만, 업무에 대한 부담감 때문에 두려움도 있다. 김진실 팀장은 이 대리의 일 처리와 소통 역량을 높이 평가하기 때문에 새로운 업무를 맡아서 좋은 성과를 내리라 확신한다. 하지만 이러한 자신의 '성과기대'를 명확히 표현하지 않으면 서로 오해가 생길 것 같아, 성과코칭대화를 진행할 필요성을 절감했다.

김 팀장은 면담을 통해 이 대리에게 작년 대비 20% 성장을 원한다는 팀의 기대치를 설명했으며, 이 대리가 요구한 전화상담 교육, 잠재고객 리스트 등을 제공하기로 했다. 김 팀장은 이 대리를 팀의 중요한 인재로 생각하기에, 새로운 업무에서도 좋은 성과창출을 기대한다.

팀원을 더 효율적으로 관리하고자 한다면 수시로 상호작용하면서 팀원이 자기 업무를 더욱 잘 관리하도록 유도해야 한다. 이때 팀원의 업무에 도움이 되는 최신 정보를 제공하고, 조직의 전체적인 목표를 바라볼 수 있도록 가이드함으로써, 팀원이 자칫 어둠 속에서 헤매지 않도록 하는 게 핵심이다.

팀원에게 조직이 필요로 하는 것과 상사가 기대하는 바를 명확히 밝히지 않으면, 은연중에 부적절한 기대치를 심어줄 수 있다. 이로 인해서 종종 업무를 다시 수행해야 하는 일이 발생하는데, 결과적으로 시간과 자원의 엄청난 낭비이다.

'기대성과 명료화'라는 단계를 이행하려면, 업무 책임범위, 우선순위, 측정가능한 목표, 성과평가 계획 등에 대해서 팀장과 팀원이 함께 확인하고 논의할 수 있는 자리를 마련해야 한다.

②-1 성과코칭대화 성과기대 명료화 1: 미팅의 목적을 말한다.
미팅의 취지에 대해 서로 이해하였음을 확인하고 팀원이 이

야기를 주도하도록 유도한다. 이러한 논의는 고성과자 육성책 중 하나로서 매우 중요하다.

미팅의 취지를 밝히는 것은 기대성과를 명확히 제시함으로 써 논의의 목적과 범위를 명확히 하는 것이다. 논의할 내용의 범위 역시 명확히 정한다. 상황별로 다룰 내용을 파악한 다음, 팀원에게 그 내용을 설명한다.

②-2 성과코칭대화 성과기대 명료화 2: 팀원의 업무가 조직에 어떻게 도움이 되는지 설명한다.

사람들은 자기가 수행하는 업무의 가치를 알고 싶어한다. 조직의 목표, 전략, 방향에 대한 서로의 생각을 공유함으로써, 큰 그림을 바탕으로 팀원 개개인의 업무 기여도를 평가할 수 있는 기본 토대를 마련할 수 있다.

팀원의 업무가 조직에 미치는 영향에 대해 논의한다는 것은 무엇인가? 먼저, 팀원의 업무가 조직의 목표, 사업본부, 사업팀의 이익에 어떻게 도움이 되는지를 설명한다.

"이번에 김 대리가 각기 다른 세 부서의 생산성에 영향을 미치는 이 문제의 해결책을 마련하는 데 주도적인 역할을 맡아주었으면 해요. 이 문제를 해결해야만 어린이 운동기구 시장에서 시장점유율을 더 확대할 수 있어요."

그런 다음, 팀원의 업무가 완수되지 않았을 때 발생할 결과에 대해서도 언급한다.

"서비스 담당자가 이 문제와 관련해서 하루 10통 이상의 항의 전화를 받는다고 해요. 고객에게 늘 똑같은 변명을 해야 하기에 담당자들이 많이 지쳐있어요. 고객들 역시 경쟁사로 발길을 돌리고 있고요."

⚑ 기대성과에 대해 팀원이 이해하고 의지를 보이는지 확인하라

②-3 성과코칭대화 성과기대 명료화 3: 기대성과 및 평가기준에 대해 논의한다.

팀원과 업무 책임범위, 우선순위, 목표, 데이터 원천 등에 대해 자유롭게 논의한다. 이때 장애를 극복하고 목표를 달성하는 데 활용할 수 있는 자원, 전략, 툴 등에 대해서도 논의한다.

②-3-1 팀원의 업무 책임범위와 우선순위에 대해 논의한다.

팀장은 다음과 같은 확대형 질문을 통해서 원활한 쌍방향 대화를 유도한다.

☐ "이 일을 어떻게 처리해야 할까?"

☐ "이것에 대해 어떻게 생각하는가?"

팀원이 주도하는 상황에서 다음 사항에 대해 이야기한 다음, 상호 협의를 통해 우선순위를 정한다.

☐ 성과 달성과 관련한 어려움

☐ 이해관계자들의 주요 니즈 및 문제

☐ 가능한 마감 기한

☐ 개인의 경력 개발에 미치는 기여도

☐ 조직목표에 미치는 기여도

②-3-2 측정가능한 목표에 대해 논의한다.

다음의 확대형 질문을 통해 팀원이 측정가능한 목표에 대한 의견을 제시할 수 있도록 유도한다. 이 과정을 거치면 팀원이 더욱 적극적으로 목표달성을 위해 매진하도록 유도할 수 있다.

☐ "이 업무와 관련해서 측정가능한 목표로 어떤 것을 생각해 볼 수 있을까?"

☐ "업무와 관련 있는 목표의 우선순위를 어떻게 설정해 볼 수 있을까?"

☐ "이러한 목표들이 김 대리의 일상 업무수행에 어떤 영향을 미칠까?"

②-3-3 성공적인 목표달성에 필요한 자원, 전략, 툴 등을 파악한다.

팀원은 목표달성에 따르는 스트레스를 표현할 수도 있고 관련된 주요 현안이나 난관에 대해 토로할 수도 있다. 하소연을 들어주고 문제점에 초점을 맞춰 얘기하기보다 난관을 극복할

수 있게 하는 자원, 전략, 툴 등에 대해 중점을 두고 논의가 진행
되도록 유도한다.

②-3-4 성과평가 계획에 대해 논의한다.

각각의 측정가능한 목표에 대해 현재 활용되는 데이터와 앞
으로 추가할 평가기준 데이터 등에 대해서 논의한다. 우선순위
가 높은 업무부터 순서대로 측정가능한 목표와 그에 필요한 구
체적인 데이터 등을 작성해 봄으로써 성과평가 계획을 요약한
다. 평가할 내용, 성과평가 절차, 성과평가 활용법 등에 대해 팀
원이 정확히 이해했는지 확인한다. 성과평가 계획을 정확히 이
해했는지, 질문사항은 없는지 등을 직접적으로 물어본다.

②-4 성과코칭대화 성과기대 명료화 4: 협의한 내용을 정리하고 팀원의 참여의지를 재확인한다.

대화를 전부 마친 후에는 협의한 내용을 다시 한번 정리하는
것이 좋다. 특히 성과기대에 대해 합의할 때는 더더욱 그렇다.
대화를 마치기 전에 팀원의 참여의지를 재차 확인하는 것 역시
중요하다.

②-4-1 마치기 전에 협의한 내용을 정리한다.

다음 확대형 질문을 통해서 팀원이 협의한 액션플랜에 대해
팀장과 동일하게 이해했는지 확인한다.

□ "우선 무엇을 먼저 할 생각인가?"

□ "우리가 지금까지 논의한 액션플랜을 간략히 요약해 설명할 수 있을 까?"

②-4-2 합의된 성과기대 실현을 위해 팀원의 적극적 참여를 요청한다.

만약 팀원이 주저하는 모습을 보인다면, 논의를 마치지 말고 계속해야 한다.

□ "새로운 과제에 과감히 도전할 용의가 있나요?"

□ "내가 김 대리를 전적으로 믿고 일을 추진해도 될까요?"

②-5 성과코칭대화 성과기대 명료화 5: 후속활동 일정을 정한다.

성과기대 진행상황을 모니터링하기 위한 후속활동 일자를 정하고, 간과했던 사항이라든가 그때까지 달성된 진척상황 등을 살펴보도록 계획한다. 액션플랜을 바탕으로 첫 번째 목표일을 정하고, 목표 진척상황을 팀원과 함께 이야기할 수 있는 시간을 마련한다.

성과코칭대화의 2단계인 '기대성과 명료화'에서는 미팅의 목적을 하고, 팀원의 업무가 조직에 어떻게 도움이 되는지를 설명하며, 기대성과와 평가기준에 대해 협의하고, 협의한 내용을 정리하고 팀원의 의지를 재확인하고 마지막으로 후속활동 일자를 정하는 5가지 핵심행동을 수행한다.

성과코칭대화 3단계
_성과문제가생겼을때교정하기

기대성과를 수행하는 과정에서 생긴 문제를 해결하라

강정미 과장의 업무는 물류관리이다. 고가품이 많기 때문에 물류창고는 두 명의 동시 지문인식 시스템으로 출입문을 여닫을 수 있다. 실무책임자 강 과장과 현장실무자 조석태 대리의 지문을 동시에 인식시켜야 하는 것이다. 그런데 강 과장은 종종 지각을 한다. 강 과장은 24개월 딸을 키우며 남편도 일이 바쁘다. 늦은 나이에 힘들게 얻은 아이라서 무엇보다 소중한 존재다. 아침에 아이를 챙기고 어린이집에 데려다주려니 시간이 촉박하다. 그래서인지 최근 일주일 새 30분 이상 지각하는 일이 몇 번씩 일어났다. 그로 인해 물류창고가 제때 가동되지 못하는 것이다.

박주만 팀장은 강 과장과는 입사동기이다. 박 팀장이 어려울 때 강 과장한테 많은 도움을 받았기에, 강 과장 문제에 대해서는 유독 단호하질 못하다. 팀 내에선 박 팀장이 강 과장을 너무 감싸고 돌기 때문에 여러 문제가 발생되고 있다고들 한다. 박 팀장은 이번에는 따끔하게 지적해야 한다고 마음먹지만, 쉽사리 말을 꺼내기가 어렵다.

팀원은 때로 계속 피드백을 주어도 받아들이지 못할 정도로 부적절한 행동을 하거나 저조한 성과를 보이기도 한다. 이는 상사인 팀장뿐 아니라 부서와 조직 전체에도 부정적인 영향을 끼친다.

성과문제를 효과적으로 교정하려면 처벌이나 비난만으로는 어렵다. 팀원의 행동에 긍정적인 영향을 끼칠 수 있는 특별한 스킬이 필요하다. 성과문제 개선을 통해 달성하고자 하는 목표는 팀원의 성과문제를 교정함으로써 본 궤도에 올리는 한편, 앞으로도 지속적으로 개선할 수 있도록 동기를 부여하는 데 있다.

성과문제를 교정하기 위해 대화를 끌어가는 것은 결코 쉬운 일이 아니다. 그러나 다음 핵심행동을 잘 활용한다면, 상대를 호의적인 자세로 생산적인 대화에 참여시킬 수 있다.

③-1 성과코칭대화 성과문제 교정 1: 배경정보를 수집한다.

성과문제 교정을 위한 대화의 목적은 팀원이 행동변화의 필요성을 인식하고 개선하는 데 있다. 대화를 성공적으로 실행하기 위해서는 문제와 관련된 배경정보를 충분히 수집한 후 이를 잘 활용하는것이 좋다. 문제의 본질이 무엇이며, 해당 문제가 업무 일정, 프로세스, 이해관계자 등에 끼치는 영향을 명시해야한다.

③-1-1 먼저 사실관계를 구체적으로 알아본다.

"강 과장의 업무역량보다는 문제가 되는 행동에만 초점을 맞추고 싶네요. 이 문제에 대해 도움이 될 만한 정보를 가지고 있나요?"

③-1-2 문제의 가능한 원인을 파악한다.

"품질 문제가 어떻게 되어 가고 있는지 알고 싶군요. 품질에 영향을 끼치는 원인은 무엇이라고 생각하나요?"

③-1-3 문제점을 지적할 때 상대방이 보일 행동을 예측함으로써 대처전략을 수립한다.

혹여 법적인 문제나 회사 내규 등에 의문이 있다면, HR 담당자에게 조언을 구한다.

③-2 성과코칭대화 성과문제 교정 2: 성과문제에 대해 구체적으로 설명한다.

문제상황, 그리고 문제가 될 수밖에 없는 이유에 대해 구체적으로 밝히면서 대화를 시작해야 한다. 문제에 초점을 맞추어 본격적으로 대화를 시작해야만, 보다 효과적으로 대화를 진행할 수 있다.

☐ 문제점을 먼저 간단히 설명한다.

☐ 결과 또는 방법에 대해 우려를 표명한다.

☐ 평정을 유지한다.

☐ 상대방을 비난하거나 공격하는 투의 말을 피한다.

☐ 말과 행동을 조심한다.

⚑ 조심스럽게, 그러나 단호하게 문제에 대응하라

③-3 성과코칭대화 성과문제 교정 3: 상호협력하에 상황을 평가한다.

이 단계의 목적은 팀원이 문제에 대한 자기 의견을 피력하도록 하는 데 있다. 팀원한테서 새롭거나 이제껏 알고 있던 것과 다른 정보를 얻게 되어, 팀장의 견해가 달라지는 경우도 많다. 팀원의 의견을 경청함으로써 협력적 분위기를 조성하고, 상대가 방어적 태도로 나오는 것을 미리 방지할 수 있다.

☐ 팀원이 자기 견해를 피력하도록 격려한다.

☐ 문제점에 대해 공통의 인식을 도모한다.

☐ 합의 도출의 장애물을 파악하고 해결한다.

☐ 추가정보를 수집하고 상황을 요약설명한다.

③-4 성과코칭대화 성과문제 교정 4: 행동계획에 대해 합의를 도출한다.

이 단계의 목적은 향후 행동계획에 대한 합의를 도출함으로써, 팀원이 주도적으로 문제를 해결하도록 유도하는 데 있다. 여기에는 팀원 스스로 개선방안을 모색하고 완수 일자까지 결정하는 것을 포함한다.

☐ 문제점이 해결된 후의 상황은 어떨 것인지에 대해 팀원에게 질문한다.

☐ 해결방안에 대해 브레인스토밍한다.

☐ 팀원에게 적절한 질문을 하여 해결방안을 행동으로 옮길 수 있도록 지원한다.

☐ 팀원에게 적절한 질문을 하여 향후 계획을 명확히 한다.

☐ 향후 계획에 코칭과 피드백을 포함시킨다.

③-5 성과코칭대화 성과문제 교정 5: 성과문제 교정을 지원한다.

성과문제 교정을 위한 대화를 마치고 나면, 팀원은 자기 스킬과 역량에 대해 자신감이 확연히 떨어지게 될 수도 있다. 이 단계의 목적은 자신의 역량에 대해 불안해하는 팀원에게 지원 의사를 표명하는 데 있다. 팀원에게 동기를 부여하여 자신감을 가지고 변화를 꾀할 수 있도록 유도한다.

   ☐ 팀원에게 문제점을 개선할 수 있도록 지원할 것임을 알려준다.

   ☐ 상황을 개선할 수 있으리라는 자신감을 팀원에게 심어준다.

팀장은 자신이 팀원을 신뢰하고 있으며, 개선을 통해 팀원 개인과 팀 모두에게 유익이 있을 것임을 확신시킨다.

성과코칭대화의 3단계인 '성과문제 교정'을 위해서는 배경 정보를 수집하고, 성과문제에 대해 구체적으로 설명하며, 상호 협력하에 상황을 평가하고, 행동계획에 대해 합의를 도출하고, 꾸준히 지원하는 팀장의 5가지 핵심행동이 수반되어야 한다.

성과코칭대화 4단계
_성과결과를 리뷰하기

⌐돌아보고 평가하며
다시금 교훈을 얻도록 한다

최재혁 팀장은 지난주에 1년 전쯤 회사를 그만둔 오정근 대리를 만났다. 좋은 조건으로 이직했고, 업무를 좋아하고 꾸준히 자기계발을 게을리하지 않은 오 대리는 지금의 회사와 업무에 매우 만족하고 있었다.

"오 대리, 오랜만이야. 얼굴이 좋아졌는데?"

"그런가요?, 요즘 지낼 만합니다."

"지금 회사에서 잘 지낸다니 다행이네. 그런데 자네가 회사를 그만둘 때 정작 우리 회사 얘기는 잘 듣지 못한 것 같아. 다른 회사에 가니 더 잘 알겠군. 실례가 안 된다면 우리 회사나 팀에 대해 조언 좀 해줘."

"팀장님한테는 정말 감사드려요. 연말에 정기적으로 진행한 성과 피드백이 제겐 너무 중요했어요. 누구한테 그런 솔직한 업무 피드백을 해 주겠습니까? 팀장님이 매번 꼼꼼히 조언하고 가이드도 주셔서 지금의 제가 있는 것 아니겠어요? 저는 A사에서 얻은 최고가 바로 팀장님께 받은 성과결과 리뷰를 통한 성장이라고 확신합니다."

연거푸 감사를 표하는 오 대리의 말에 최 팀장은 보람이 느껴졌다. 연간 1~2회의 공식적인 성과 피드백 시간을 최대한 잘 활용하려고 노력한 것은 사실이다. 오 대리가 성장하고 고마워하는 모습에 앞으로도 더욱 잘해야겠다고 결심하는 최 팀장이다.

성과결과 리뷰를 잘 활용하면 개선의 효과가 가장 크다. 하지만 실제로는 제대로 활용되지 않는 경우가 많다. 성과결과 리뷰를 위한 서류 작성에만 골몰하다가 실질적인 목표를 달성하지 못하는 경우가 다반사다. 일부 조직의 경우, 성과결과 리뷰조차 단순한 업무절차로서 성과를 수치로 나타내는 요식행위에 그치고 만다. 성과결과 리뷰의 효과를 고려할 때 매우 안타까운 현실이다.

오늘날 많은 팀장이 팀원을 '평가'하는 것을 꺼린다. 특히 팀원이 팀장의 지적에 반발할 것으로 예상되는 경우 더욱 그렇다.

목표를 달성하지도 못하고 흐지부지 시간만 낭비하기가 쉽다.

상황이 이렇게 된다면, 팀장과 팀원 모두 성과를 개선할 수 있는 절호의 기회를 놓치게 된다. 성과결과 리뷰는 팀장과 팀원이 서로에게 깊은 관심을 주고받을 수 있는 최적의 기회이다. 서로에게 문제가 되는 상황을 심도 있게 토의하기에 이보다 더 좋은 기회가 어디에 있겠는가?

성과결과 리뷰를 성공적으로 하려면, 팀장과 팀원이 서로 협력해야 한다. 성과결과 리뷰를 성공적으로 실시하게 되면, 1년 내내 팀원에게 충실히 동기를 부여하는 것은 물론, 학습성과 및 생산성을 향상시키고, 협력하는 분위기를 조성할 수 있다.

성과결과 리뷰가 효과적이려면 다음 2가지 원칙을 잊지 말아야 한다.

☐ 상호 존중하고 협력한다.

☐ 양측이 사전에 충분히 준비한다.

④-1 성과코칭대화 성과결과 리뷰 1: 미팅 주제에서 벗어나지 않도록 준비한다.

팀장과 팀원 양측이 성과결과 리뷰 미팅을 시작하기 전에 시간을 내서 준비하는 것이 중요하다. 준비를 철저히 하면 성과결과 리뷰를 상호협력 하에 생산적으로 실행할 수 있다.

☐ 성과결과 리뷰 미팅 전에 팀원을 준비시킨다.

□ 팀원의 성과와 관련된 정보를 수집하고 검토한다.

□ 팀원에게 전달할 핵심메시지를 준비한다.

□ 성과결과 리뷰 미팅 중 직면하게 될 어려운 점에 대비한다.

④-2 성과코칭대화 성과결과 리뷰 2: 기대치를 수립한다.

성과결과 리뷰 미팅을 시작할 때 기대치를 먼저 언급하면, 팀원이 마음 편하게 회의에 참여할 수 있음은 물론 대화가 주제에서 벗어나지 않도록 유도할 수 있다.

□ 성과결과 리뷰 미팅의 목적(결과)을 검토한다.

□ 미팅 아젠다를 검토한다. 팀원의 자기평가, 팀장의 평가, 차후단계 등이 아젠다에 포함되어야 한다.

□ 각각의 주제를 적절한 순간에 언급함으로써 대화가 다른 곳으로 빗나가지 않도록 한다.

④-3 성과코칭대화 성과결과 리뷰 3: 효과적으로 토의를 이끈다.

상대의 말을 경청하고 방어적인 태도를 피하며 필요할 경우 메모한다. 확대형 질문을 함으로써 상대의 적극적 참여를 유도한다. 메모 내용은 차후 성과결과 리뷰 미팅 때 활용할 수 있도록 정리해 둔다.

□ 팀원에게 자기평가의 핵심포인트에 대해 말하도록 한다. 이 단계는 성과결과 리뷰 미팅을 협력적으로 실행하는 데 꼭 필요한 수순이다.

만약 팀원이 자기평가를 준비하지 못했다면 미팅을 연기한다.

☐ 팀원의 목표를 밝히도록 유도한다. 이를 통해 팀원의 기대치를 파악할 수 있다. 또한 팀원이 자신의 목표달성에 필요한 전략을 수립할 수 있도록 도와준다.

☐ 팀원이 자기평가를 완료한 후 후속적인 확대형 질문을 함으로써 보다 많은 정보를 수집하고 진위 여부를 확인한다.

④-4 성과코칭대화 성과결과 리뷰 4: 핵심 메시지를 팀원과 공유한다.

핵심 메시지에 초점을 맞춤으로써 팀장의 의견을 명확히 밝힌다. 팀원이 명심하기를 원하는 메시지를 정확히 전달한다. 그러나 평가결과를 구체적인 것까지 상세히 언급할 필요는 없다. 이 단계에서는 가장 문제가 되는 부분만을 다루도록 한다.

☐ 칭찬할 만한 점을 찾아 먼저 언급하면서, 다루고자 하는 핵심 메시지를 강조한다.

☐ 사실(데이터)만을 토대로 개선할 부분에 대해서 토의한다.

☐ 협력적인 분위기를 유지하되 팀장의 의견을 정확히 표현한다. 핵심 메시지를 강조하되 확대형 질문을 지속적으로 한다.

☐ 주요 성과문제를 해결할 때는 핵심포인트와 관련한 부분만 다루고 사실만을 근거로 하며 팀원과 조직의 목표를 연관시키며 일방적인 설교를 피한다. 또한 필요하다면 언제든지 상대방의 의견을 반영하

여 시정할 가능성이 있다는 점을 보여준다.

④-5 성과코칭대화 성과결과 리뷰 5: 향후 단계에 대한 계획을 수립한다.

성과결과 리뷰 미팅을 마무리 지으면서 개선 및 학습의 기회를 다시 한번 강조하고 차후 단계에 관한 합의를 도출한다. 차후 단계는 다음과 같다.

☐ 교육 또는 기타 개발의 기회　　☐ 신규 또는 확대된 업무
☐ 팀원에 대한 지원 방안　　　　☐ 장기 또는 단기 성과목표
☐ 신규 또는 개정 절차

④-6 성과코칭대화 성과결과 리뷰 6: 핵심포인트를 요약 정리하고 지속적인 지원을 약속한다.

팀원은 팀장이 강조하고자 하는 핵심포인트와 차후 단계에 대해서 명확히 이해해야 한다. 아울러 팀원이 조직에 기여한 바를 칭찬하되 구체적인 사례를 예로 들어 설명한다. 팀원의 성과개선에 대한 신뢰를 표명하고 지속적인 지원을 약속한다. 팀원이 핵심포인트와 차후 단계에 대해서 스스로 요점정리를 하도록 요청한다.

성과코칭대화의 4단계인 '성과결과 리뷰'에서는 미팅 주제

에서 벗어나지 않도록 준비하며, 기대치를 수립하고, 효과적으로 토의를 이끌고, 핵심 메시지를 팀원과 공유하며, 향후 단계에 대한 계획을 수립하고, 핵심포인트를 요약 정리하고 지속적인 지원을 약속하는 6가지 팀장의 핵심행동을 수행한다.

⚑ 팀원 스스로 작성하는 자기 성과평가서에 들어가야 할 사항

성과결과 리뷰에서 중요한 것 중 하나는 팀원 스스로 작성하는 '자기 성과평가서'이다. 팀장과 팀원이 모여 성과결과 리뷰를 하기 전, 팀원은 스스로 자신의 성과평가서를 작성해서, 성과를 돌아봄과 동시에 성과의 어떤 부분을 강조하고 어떤 부분을 개선할지 판단한다. 맥스 프리드먼Max Freedman의 최신 연구를 바탕으로 성과평가서를 작성하는 몇 가지 팁을 안내한다.

① 자신의 성과에 대해 자부심을 품고 작성하라.

자기평가를 작성하는 주요 목표 중 하나는 자신의 성취를 강조하고, 전문성이 성장하는 데 중요한 순간을 회상하는 것이다. 좋은 자기평가란 자기가 수행한 주요 업무와 프로젝트를 통해 최고의 성과를 드러내는 것이어야 한다. 성과를 설명할 때는 해당 성과가 회사 전체에 미친 영향을 강조함으로써 자기 가치를 입증해야 한다. 자신의 행동을 회사의 목표와 잘 연결시키는 것이 중요하다. 이러한 연결은 회사에게 신뢰를 주며, 회사가 자신에게 요구한 역할을 스스로 잘 이해하고 있음을 보여준다.

② 정직하고 비판적으로 평가할 필요가 있다.

자기평가는 단순히 성공만 강조하기 위함이 아니다. 부족했던 부분을 비판적으로 평가하는 것도 중요하다. 정직하게 자기 약점을 인정하고 개선이 필요한 부분이나 배운 교훈이 있는 실패를 언급하라. 자신의 결점을 인정하는 것은 배움과 성장을 위한 중요한 단계가 되어준다.

하지만 과도하게 비하하는 것은 피해야 한다. 하버드 비즈니스 스쿨의 티모시 버틀러Timothy Butler는 개선이 필요한 부분을 언급할 때는 반드시 발전적인 언어를 사용하라고 권장한다. "'이 부분에서 내가 정말 부족했다.'라고 말하기보다 '이 부분이 내가 발전시키고 싶은 부분이다. 배운 점은 이렇다. 앞으로 이렇게 개선해 나가겠다.'라고 진취적으로 표현하는 것이 좋다."

③ 지속적으로 성장하는 평가를 하도록 한다.

한 해 동안 뛰어난 성과를 냈든 기대에 미치지 못했든, 자신의 성장과 학습에 계속해서 헌신하는 자세를 보여야 한다. 자기평가에서 앞으로의 목표와 계획을 언급하는 것은 당신이 안주

하지 않고 더 나아가려는 의지가 있음을 보여준다.

리더(팀장)는 팀원이 개선하고 성장하려는 의지를 통해 팀원에 대한 코칭 가능성을 확인할 수 있다. 팀원이 혹여 어려움을 겪고 있더라도, 성장의 여지를 보여주는 것이 팀장의 코칭 의욕을 북돋우고 결과적으로 나의 성과가 향상되는 데 도움이 될 수 있다. 반면, 현재 직무에서 뛰어난 성과를 내고 있다고 해도, 또 다른 성장의 기회를 포착함으로써 권태에 빠지거나 업무가 정체되는 일을 예방할 수 있다.

④ 성과는 수시로 꼼꼼히 기록한다.

한 해 동안 자신이 이룬 성과를 명확하게 보여줄 수 있는 데이터가 있다면 매우 유익하다. 리더(팀장)가 대략적으로는 팀원의 성과에 대해 이해하고 있을지 몰라도, 구체적인 수치로 이를 뒷받침할 수 있다면 자기평가의 신뢰성은 더욱 높아진다.

"팀원들이 매일 10초만 할애해서 가장 큰 성과, 성공, 달성한 목표, 받은 피드백을 기록한다면, 자기평가에 필요한 데이터는 충분할 것입니다."

더블유디 커뮤니케이션즈WD Communications의 대표 마이크 매논Mike Mannon의 조언이다. 율로프 마케팅 솔류션즈Yuloff Creative Marketing Solutions 대표 행크 율로프Hank Yuloff 역시 자신의 성과를 지속적으로 평가(기록)하는 것은 자기평가를 사실과 측정가능한 데이터를 통해 뒷받침하는 데 도움이 된다고 강조한다.

"우리는 고객에게 매일 혹은 매주 성과 리스트를 작성하라고 교육한다. 그렇게 하면 자기평가를 작성할 때 자신의 가치가 얼마나 큰지 명확히 알 수 있기에, 추측 따위가 동원될 필요가 없다."

⑤ 전문가답게 작성하도록 한다.

자기평가를 작성할 때는 언제나 전문가적인 태도를 견지해야 한다. 리더(팀장)의 리더십을 비난하거나 동료를 비판하는 것을 피해야 한다. 반대로 좋아하는 동료나 리더(팀장)를 과도하게 칭찬하는 것도 삼가야 한다. 비판적이든 긍정적이든 피드백을 제공할 때는 전문가적인 자세가 중요하다.

전문가답게 작성한다는 것은 자기평가를 다른 중요한 프로젝트와 마찬가지로 진지하게 다루어야 함을 의미한다. 버스패트롤BusPatrol 사의 인력관리 이사인 도미니크 존스Dominique Jones는 '자기평가야말로 오랜 시간에 걸쳐 완성하는 예술 작품처럼 대하라.'라고 직원들에게 권장한다. 시간을 내서 충분히 성과를 반영해서 자기평가를 뒷받침할 만한 자료를 잘 모으라는 조언이다.

"주장을 뒷받침할 수 있는 예시를 사용하고 오탈자나 숫자 등을 반드시 점검하세요. 작은 요소들이지만 작성자가 얼마나 자기평가 프로세스를 진지하게 받아들이고 중요하게 생각하는지 보여주는 척도가 됩니다."

성과면담 4단계에 필요한
체크리스트

성과코칭대화 1단계(계획)에서 팀장이 확인할 사항

확인항목	내용
주요업무	
우선순위	
측정가능한 목표	
자원, 전략, 툴	
데이터 출처(근거)	

체크리스트

□ 팀원의 핵심업무(평상 업무, 일시 업무, 개발 기회)를 빠짐없이 기록했는가?
□ 혹시 놓치고 있는 업무는 없는가?
□ 팀(팀장)이 요구한 업무가 포함되었는가?
□ 그 외:

□ 조직의 핵심가치를 토대로 각 업무의 가치를 평가한다.
□ 조직의 목표에 어느 정도 기여하는가?
□ 다른 팀원이 대신할 수 있는 업무보다 해당 팀원만 수행할 수 있는 업무에 우선순위를 준다.
□ 그 외:

□ 성과는 최대한 측정가능한 수치로 표현되었는가?
□ 목표의 4가지 고려사항 즉, 품질, 양, 비용, 시간을 담았는가?
□ 그 외:

□ 목표를 달성하기 위한 자원, 전략, 툴은 무엇인가?
□ 부족한 자원, 전략, 툴은 무엇인가?
□ 팀(장)으로서 지원할 사항은 무엇인가?
□ 그 외:

□ 성과를 추적하고 목표달성 여부를 측정하는 데 필요한 적절한 데이터 원천은 무엇인가?
□ 목표를 평가할 자료를 수집할 방안을 구체화했는가?
□ 그 외:

성과코칭대화 2단계(성과기대 명료화)에서
팀장이 준비할 체크리스트와 질문

단계	체크리스트
1. 미팅의 목적을 말한다.	☐ 기대하는 성과에 대해 언급하는 이유를 명확히 제시한다. ☐ 논의할 내용의 범위를 명확히 언급한다. ☐ 그 외:
2. 팀원의 업무가 조직에 어떻게 도움이 되는지 설명한다.	☐ 팀원의 업무가 조직의 목표에 어떻게 도움이 되는지 이야기한다. ☐ 업무가 완수되지 않았을 때 발생할 결과에 대해서 이야기한다. ☐ 그 외:
3. 성과기대 및 평가기준에 대해 논의한다.	☐ 업무의 책임범위와 우선순위에 대해 논의한다. ☐ 측정가능한 목표에 대해 논의한다. ☐ 장애 극복에 필요한 자원, 전략, 툴 등을 파악한다. ☐ 성과평가에 활용한 데이터 원천에 대해 논의한다. ☐ 그 외:
4. 협의한 내용을 정리하고, 팀원의 참여의지를 재확인한다.	☐ 논의를 마치기 전에 논의한 내용을 정리한다. ☐ 팀원이 액션플랜 등에 대해서 팀장과 동일하게 이해했는지 확인한다. ☐ 팀원의 적극적인 참여를 요청한다. ☐ 그 외:
5. 후속활동 일자를 정한다.	☐ 후속활동 일자를 정한다. ☐ 후속활동에서 검토할 내용에 대해 구체적으로 열거한다. ☐ 그 외:

준비질문

성과코칭대화 3단계(성과문제 교정)에서 팀장이 준비할 질문

단계	체크리스트
1. 배경정보를 수집한다.	☐ 문제의 본질을 명시했는가? ☐ 사실을 구체적으로 파악했는가? ☐ 문제의 가능한 원인을 파악했는가? ☐ 그 외:
2. 성과문제에 대해 구체적으로 설명한다.	☐ 문제점을 간단히 설명했는가? ☐ 결과 또는 방법에 대해 우려를 표명했는가? ☐ 평정심을 유지했는가? ☐ 팀원을 비난하거나 공격하는 투의 말을 피했는가? ☐ 그 외:
3. 상호협력하에 상황을 평가한다.	☐ 팀원이 자신의 견해를 피력하도록 격려한다. ☐ 문제점에 대해 공통의 인식을 도모한다. ☐ 합의도출의 장애물을 파악하고 해결한다. ☐ 추가정보를 수집한다. ☐ 상황을 요약설명한다. ☐ 그 외:
4. 행동계획에 대해 합의를 도출한다.	☐ 팀원에게 적절한 질문을 하여 계획을 명확히 한다. ☐ 해결방안에 대해 브레인스토밍한다. ☐ 팀원이 정해진 성과기준을 충족하도록 요구하였는가? ☐ 향후 취하게 될 공식적인 조치를 팀원에게 알려주었는가? ☐ 문제점이 해결된 후의 상황이 어떤 것인지에 대해 팀원에게 알려주었는가? ☐ 향후 계획에 코칭과 피드백을 포함시킨다. ☐ 그 외:
5. 지원한다.	☐ 팀원에게 문제점을 개선할 수 있도록 지원할 것임을 알려준다. ☐ 상황을 개선시킬 수 있으리라는 자신감을 팀원에게 심어준다. ☐ 그 외:

준비질문

성과코칭대화 4단계(성과결과 리뷰)에서 팀장이 준비할 질문

단계	체크리스트
1. 미팅 주제에 벗어나지 않도록 준비한다.	□ 팀원을 준비시켰는가? □ 팀장 스스로 준비했는가? □ 팀원의 성과와 관련된 정보를 수집하고 검토한다. □ 그 외:
2. 기대치를 수립한다.	□ 성과결과 리뷰 미팅의 목적(결과)을 검토한다. □ 미팅 아젠다를 검토한다.(팀원의 자기평가, 팀장의 평가 등) □ 그 외:
3. 효과적으로 토의를 이끈다.	□ 팀원에게 자기평가 결과에 대해서 말해 줄 것을 요청했는가? □ 성과목표에 대해 토의했는가? □ 방어적인 태도를 취하지 않았는가? □ 확대형 질문을 적극적으로 했는가? □ 팀원의 말을 경청했는가? □ 그 외:
4. 핵심 메시지를 팀원과 공유한다.	□ 팀원의 강점과 잘한 부분을 칭찬해 주었는가? □ 사실(데이터)만을 토대로 적절한 피드백을 제공했는가? □ 개선 도는 학습할 부문을 포함하여 성과결과 리뷰 미팅의 핵심포인트에 대해서 토의했는가? □ 성과결과의 부족한 부분을 해결했는가? □ 그 외:
5. 향후 단계에 대한 계획을 수립한다.	□ 개선 또는 학습할 부문에 대해 요약설명했는가? □ 차후 단계에 대해 의견일치를 보았는가? □ 차후 단계에 대한 구체적인 계획을 확인했는가? □ 그 외:
6. 핵심포인트를 요약정리하고 지속적인 지원을 약속한다.	□ 팀원에게 핵심포인트를 요약해서 설명하도록 요청했는가? □ 팀원이 성과결과의 부족한 점을 개선할 것이라는 점에 대해 신뢰를 보여주었는가? □ 지속적인 관심과 지원을 할 것이라는 것을 표현했는가? □ 그 외:

준비질문

자기 성과평가표

평가기간	
본부명	
직책/직위	
성 명	

1. 업무성과(추진실적)
(공통/개인별 KPI을 중심으로 기술하면 좋다)

-
-
-

2. 자기개발노력

-
-

3. 기타

-
-

자기평가	☐ 매우 만족 ☐ 대체로 만족 ☐ 보통 ☐ 다소 부족 ☐ 아주 부족
자기평가 이유	

	팀 명	
	담당업무(직무)	
	확인자(팀장)	

ONE-ON-ONE
PERFORMAN
CE💬REVIEW

제7장

**성과를 확실하게 보장하는
성과코칭대화, 원온원**

FOR💬TEAM
LEADERS💬

글로벌 혁신기업들은 왜 '원온원 미팅'을 권장하는가?

팀원의 현재 가장 깊은 고민을 터놓고 듣는 방법

내가 본부장으로 재직할 때의 일이다. 우리 본부에는 4개 팀이 있었다. 가장 고민이 되는 팀은 4팀이었다. 다른 팀들과 달리 시장이 확대되면서 신설된 팀으로, 신규 시장 개척을 위해 실력과 열정이 더 많이 필요했기 때문이다.

누구한테 팀장을 맡기냐도 과제였다. 부득이하게 팀원 중 한 명을 선발했지만, 내심 내키지는 않았다. 팀원으로서 탁월한 성과를 창출하지 못했기 때문이다.

그런데 4팀을 맡은 정 팀장은 기대 이상의 좋은 성과를 만들어 내었다. 6개월 정도 지나자, 전체 팀 중 최고의 성과를 보였다.

놀라운 일이었다. 정 팀장에게는 다른 팀장들에게선 찾아볼 수 없는 전혀 다른 모습이 있었다. 정 팀장 자리 옆에는 접이식 의자가 하나 놓였는데, 거기 앉은 팀원과 수시로 대화하는 게 보였다. 함께 웃기도 하고 진지하게 머리를 맞대며 토론도 했다. '왜 팀원들을 저렇게 귀찮게 할까?' 하는 의구심마저 들 정도였다. 연말이 되면 다른 팀으로 보내달라는 팀원이 생기지 않을까 생각이 많아졌다.

그런데 예상과 달리 팀원들은 정 팀장을 무척 따르고 신뢰했다. 팀원들의 실력은 눈에 띄게 성장했으며 그 결과 팀의 성과가 매우 좋아졌다. 다름 아닌 팀장과 팀원 간의 '1:1 미팅'이 낳은 효과였다.

원온원 미팅1 on 1 meeting은 1:1 미팅, 원투원1 to 1 미팅, 일대일 미팅 등 다양하게 통용된다. 간단히 말하면 두 사람이 계획에 따라 만나는 것이다. 관리자인 팀장과 조직 구성원 간의 미팅을 의미한다. 이 미팅은 팀 단위 혹은 그룹 단위 미팅에 비해 두 당사자 사이에 보다 더 개인적이고, 더 깊은 방식으로 대화하는 것을 말한다. 원온원 미팅이라는 개념이 쉽게 다가오지 않고 여전히 딱딱한 느낌이 들어, 여기서는 '원온원 성과코칭대화'라고 재정의하려고 한다.

두 사람이 만나는 미팅meeting이지만, 어디까지나 자연스러운 대화이어야 하고, 이 대화는 성과나 성장을 위한 것이어야 한다. 팀장으로서는 그저 대화에 그치는 것이 아니라 '코칭'의 역할을 해야 할 필요가 있다. 그래서 '원온원 성과코칭대화'라고 명명하고자 하는 것이다.

원온원 성과코칭대화에는 다음과 같은 6가지 특징이 있다.

① 규칙적인 빈도regular frequency를 갖는다.

원온원 성과코칭대화는 규칙적으로 진행하는 것이 좋다. 통상 주 단위, 격주 단위, 월 단위 등 비교적 짧은 주기로 진행하는 것을 권장한다. 하지만 빈도는 고정된 것이 아니므로 팀이나 조직의 필요에 따라 조절하면 된다.

② 팀 미팅과는 달리 개인에게 초점focus on the individual을 맞춘다.

일반적인 업무나 프로젝트에 중심을 둔 팀 단위 미팅과 달리, 원온원 성과코칭대화는 오로지 개인의 발전, 행복, 각별한 헌신 등에만 초점을 맞춘다. 팀 미팅이 공적인 느낌으로 팀의 목표달성과 성과에 대해 논의하는 자리라면, 원온원 성과코칭대화는 개인화된 목표, 성과, 발전, 경력개발CDP, Career Development Path, 비전 등 개인에게 초첨을 둔 이야기를 한다.

③ 쌍방향 대화 bidirectional communication를 지향한다.

원온원 성과코칭대화는 팀장과 팀원이 서로 아이디어, 관심사, 영감, 서로에 대한 피드백 등을 자유롭게 나눌 수 있는 좋은 기회이다. 팀장과 팀원 모두 대화에 몰입할 만한 깊은 주제에 대해 소통하므로, 일방적이지 않고 쌍방향의 대화가 되어야 한다.

④ 신뢰의 환경 trusting environment을 조성해야 한다.

원온원 성과코칭대화는 팀장과 팀원이 서로 신뢰하고 존중하는 분위기가 형성될 때, 보다 효과적이다. 신뢰의 환경은 팀원에게 더욱 편안하고 정직한 마음가짐을 갖게 함으로써, 그들이 생각과 관심을 자유롭게 표현할 수 있게 한다.

⑤ 자유로운 형식 format flexibility을 추구한다.

원온원 성과코칭대화의 형식은 매우 자유롭다. 개인적인 대면 미팅이 되어도 좋고, 전화로 대화할 수 있으며, 화상회의를 통한 대화도 괜찮다. 어떤 방식으로 대화할지 혹은 어떤 주제로 대화할지 등에 대해서도 팀장과 팀원이 합의만 한다면 얼마든지 자유롭게 변형할 수 있다.

⑥ 행동 중심 action oriented을 지향한다.

원온원 성과코칭대화는 일반적으로 팀장과 팀원과의 커뮤니케이션 차원에서만 도움이 되는 것이 아니다. 팀원이 실제 목표를 달성하고 실행계획을 세우고 구체적인 업무를 추진하는 데도 크게 도움이 된다. 원온원 성과코칭대화는 추상적이지 않고 행동 중심이기 때문이다.

정리하면, '원온원 성과코칭대화'는 팀원의 성장, 행복, 소통 증진, 팀장과 팀원 간의 목표 정렬 등을 위해 매우 효과적인 수단이다. 또한 팀원이 조직 내에서 자존감을 품게 해 주고, 이해받고 있다는 느낌을 줌으로써, 조직에 꼭 필요한 인재를 다른 회사에 빼앗기지 않게 하는 데 필수적인 역할을 한다. 세계적 유수의 기업이 원온원 성과코칭대화를 권장하는 데는 이런 이유가 있는 것이다.

원온원 성과코칭대화를 하면 무엇에 도움이 될까?

원온원 성과코칭대화에는 다음과 같이 5가지 탁월한 효과가 있다.

① 이슈를 발견하고 해결Identification and resolution of issues하게 한다.
원온원 성과코칭대화는 문제나 도전이 커지기 전 조기에 발

견하고 해결하게 하는 좋은 기회이다. 프로젝트나 개인의 관심사에서 장애물이 있어도, 원온원 성과코칭대화로 일찍 파악하면 해결을 위한 작업 공간을 효과적으로 마련할 수 있다.

② 목표와 기대를 정렬 Alignment of goal and expectations하게 만들어 준다.

원온원 성과코칭대화는 팀장과 팀원이 동시에 목표, 기대, 우선순위 등에 대해 같은 방향으로 시선을 유지하게 만들어 준다. 개인이 갖고 있는 과업이 팀 혹은 조직이라는 더 큰 목표와 한 방향으로 정렬되게 해 주는 것이다.

③ 전문성과 경력 Professional development and career을 개발하는 데 도움이 된다.

원온원 성과코칭대화는 팀원의 전문성을 성장시키고 성공적으로 경력개발을 할 수 있는 계획 등에 대해 상의할 공간을 제공한다. 이를 통해 성장의 기회를 발견할 수 있고, 경력개발 경로를 계획하거나 장단기 목표를 설정하는 데 도움을 준다.

④ 인정과 동기부여 Recognition and motivation의 효과를 발휘한다.

팀원이 일을 잘 수행하고 있음을 인정하고 응원과 격려의 말을 건네는 것은 의심할 여지 없이 막강한 동기부여가 된다. 원온원 성과코칭대화는 팀장이 팀원에게 개별적으로 인정을 표현하게 하고, 성과에 대한 지지를 보낼 기회를 제공한다.

⑤ **행복과 정신건강**Well-being and mental health**에 도움이 된다.**

최근 업무환경에서는 팀원의 행복이 매우 중요한 요소가 된다. 원온원 성과코칭대화는 팀원의 행복, 워라밸, 정신건강까지도 추구할 수 있는 좋은 기회다.

정리하면, 원온원 성과코칭대화는 효과적인 성과관리 툴tool로서 역할을 한다. 그리고 팀장과 팀원 간의 상호 커뮤니케이션, 신뢰, 목표 정렬, 전문성 성장 등에 상당한 영향력을 미친다. 팀장과 팀원의 행복과 정신건강에도 긍정적인 영향을 준다는 연구 결과도 이어진다. 원온원 성과코칭대화에 시간과 노력을 투자함으로써, 조직은 구성원의 만족감을 높이고 유능한 인재를 확보·유지하며 뛰어난 성과수행을 달성하도록 도울 수 있다.

원온원 성과면담을 잘하기 위한 조건과 특징

⚑ 원온원 성과코칭대화를 잘하기 위한 3가지 조건

원온원 성과코칭대화가 효과적으로 진행되려면 3가지 조건이 잘 충족되어야 한다. 이 조건들이 잘 갖추어져 있을 때, 원온원 성과코칭대화는 기대하는 만큼의 성과를 낼 수 있다.

① 아젠다Agenda를 명확히 하라.

팀장과 팀원이 일대일로 만나 이야기를 하는 것이므로 가볍게 진행하는 게 좋긴 하다. 하지만 가벼운 것에만 초점을 맞추다가는 아무런 성과 없는 미팅이 되기 쉽다. 그래서 아젠다를 정하는 것이 좋다. 아젠다는 미리 정해도 되고 미팅하면서 정해도 된다. 아젠다가 있는 것만으로도 미팅의 효율이 높아진다. 팀장이 일방적으로 정하기보다는 팀원과 함께 정하거나 팀원 스스로 정하게 하면 더 효과적이라는 연구 결과도 있다. 필요하다면 템플릿을 만들어서 미리 대화 아젠다나 우선순위를 정리하는 것도 좋다.

② 빈도와 장소를 합의하라.

원온원 성과코칭대화를 얼마나 자주 진행할지도 미리 결정해야 한다. 빈도에 대해서는 정해진 바가 없지만, 일반적으로 가장 자주 쓰는 빈도는 주 1회, 격주 1회, 월 1회 정도이다. 팀원의 성장 정도, 팀장의 임기, 팀의 규모. 팀원의 선호 등을 고려해서 정하면 된다. 빈도가 정해지면 가급적 꾸준히 유지하는 게 좋다.

빈도와 함께 장소 역시 정해두면 좋다. 비대면이 대면에 비해 효과성이 떨어진다는 연구도 있지만, 형식은 그리 중요하지 않다. 직접 만날 수 있다면 팀장과 팀원 모두 대화에 집중할 수 있는 편안하고 안정적이며 다른 사람들로부터 방해받지 않는 장소를 정하는 게 좋다.

③ 심리적 안전감을 주어라.

원온원 성과코칭대화가 실속 있는 시간이 되느냐는 팀원이 얼마나 편안해하는 환경을 조성할 수 있느냐에 달렸다. 편안해하는 환경이란 비단 물리적인 것만이 아니라 심리적 환경까지도 포함한다. 어떻게 보면 심리적 환경이 더욱 중요하다.

원온원 성과코칭대화에서는 팀장의 뛰어난 코칭대화 스킬이 필요하다. 라포raport를 잘 형성하면서 대화를 시작하고, 경청하고 팀원의 성장과 노력을 인정하고 감사해함으로써, 심리적 안전감을 확보하는 것이 중요하다. 원온원 성과코칭대화를 팀장의 업무 리스트To do list 중 하나로 여겨 시간을 때운다는 생각으로 건성으로 진행한다면, 그 효과는 미미할 것이다. 팀원이 자신의 속마음을 주저하지 않고 두려움 없이 표현할 수 있을 때, 비로소 원온원 성과코칭대화는 본연의 목적을 달성할 수 있을 것이다.

원온원 성과코칭대화와 일반 성과면담의 차이점

피터 드러커가 주창한 MBOManagement by Objectives 모델로 대표되는 성과관리는 오늘날 대표적인 성과평가 도구로 인식된다. 최근 들어 커진 '원온원 성과코칭대화'에 대한 관심은 이렇듯 OKRObjective & Key Result 방식의 성과관리가 맞닥뜨리게 된 변화와 많은 연관이 있다고 이해할 수 있다.

MBO와 OKR은 차이가 많지만, 특히 성과평가와 보상 면에서 중대한 차이점을 보인다.

일반적으로 MBO는 연간 단위 평가를 하고, KPIKey Performance Indicator를 도출해 연말에 점검하는 것을 원칙으로 한다. 평가 결과를 보상과 연계하려 하기 때문으로 이해된다.

반면 OKR은 분기나 그보다 더 짧은 주기로 점검하는 특징이 있다. MBO가 성과, 평가, 보상이 주된 목적이라면 OKR은 성장, 발전, 성취, 행복 등에 초점을 두기 때문이다. MBO가 상대평가 중심이라면, OKR은 절대평가 중심이다. 미국 '포천 500대 기업' 중 30% 정도가 OKR을 도입하고 있으며, 우리나라에서도 스타트업 등을 중심으로 OKR을 도입한 기업이 늘고 있다.

OKR을 도입하든 안 하든 이미 성과관리에서 중대한 변화가 시작되는 추세다. 즉 목표설정과 결과를 업데이트하는 주기가 빨라지며, 그에 따라 '수시 피드백 시스템'을 요구하고 있는 것이다. 수시 피드백을 진행했을 경우 개인이나 팀의 성과가 좋아졌다는 연구 결과는 매우 많다.

세계적인 크리에이티브 기업 어도비Adobe는 2012년부터 수시 피드백 시스템인 '체크인check-in'을 도입한 이래, 성과 향상은 물론이고 직원들의 퇴사율 역시 30%나 낮아지는 효과를 거두었다. 기존에는 연 1회 상대평가 점수를 매기고 피드백과 보상을 하는 성과관리 방식이었지만, 이를 절대평가로 바꾸고 꾸준한 수시 피드백 시스템을 도입한 것이다. 사후事後 평가 중심이 아니라 사전事前이나 사중事中 코칭대화 중심으로 대폭 바뀌었다.

최근 들어 우리나라도 전통적인 성과관리 시스템을 고집하는 기업보다는 OKR의 장점을 도입함으로써 전통적 성과관리 시스템이 갖고 있던 약점을 보완하려는 기업이 점차 늘고 있다. 여전히 연간 단위 목표설정을 하더라도, 그 목표에 대한 변경이나 조정이 반기, 분기에 반영되는 경우가 많다. 아울러 목표를 일방적으로 위에서 내리꽂는 탑다운Top down 방식이 아니라, 팀원들의 의견을 반영하고 함께 파트너로서 참여시켜서 목표설정을 하는 기업도 많아졌다.

[표 7-1] 전통적 성과관리 vs. 원온원 성과코칭대화

	전통적 성과관리	원온원 성과(코칭)대화
성과관리 시스템	MBO	OKR
목표기간	연단위 목표	분기 이하 프로젝트 목표
업데이트 주기	보통 연간 또는 반기별로 업데이트	주로 매주 또는 매월 업데이트
성과평가	목표 대비 달성율	성과결과의 의미 (성과가치, 차별성, 재량적 노력 투입 등)로 평가
리더 역할	냉정하고 공정한 평가자	팀원의 성과창출의 공동 파트너 (코치)

출처: 현순엽(2023), p177 일부 재구성

특히 기존의 MBO 시스템을 유지하더라도 원온원 성과코칭 대화를 적극 도입함으로써, 수시 피드백을 제공하고, 팀원의 성장, 발전, 성취, 행복 등에 관심을 두는 적극적인 성과관리 시스템을 운영하는 추세다. 그러므로 전통적인 성과관리 시스템을 그대로 유지하기보다는 OKR 등 변화된 성과관리의 장점을 보강함으로써 조직에 맞는 최적의 시스템을 구축해 가는 것이 바람직하다. 이는 구성원의 니즈를 충족시키고 함께 조직의 성과를 달성하고자 하는 시대적 변화에 발맞추는 모습이라고 할 수 있다.

원온원 성과면담 시스템의 4가지 요소

원온원 성과코칭대화의 구조적 흐름을 이해하자

원온원 성과코칭대화는 팀장과 팀원 간의 개별 미팅, 면접, 피드백 세션, 사적 상담 등 다양한 상황에서 활용된다. 개인 간의 관계를 강화하거나 문제를 해결하기 위한 도구로 유용한 것이다. 이 대화는 서로의 이해와 의사소통을 강화하며, 협력과 문제해결을 위해 매우 중요한 역할을 한다.

일반적으로 조직에서 원온원 대화는 곧 성과코칭대화를 의미하는 경우가 많다. 원온원 성과코칭대화는 조직이나 기업에서 팀원과 팀장이 개인적 성과나 직무 성과를 평가하고 논의하기 위해 개별적으로 진행되는 대화를 말한다. 이 대화는 주로 평가 기간에 성과평가 프로세스의 일환으로 이루어지는 경우가 많다.

그렇다면 효과적인 원온원 성과코칭대화가 갖추어야 할 시스템 구조에 대해서 살펴보자. 다시 말해 원온원 성과코칭대화가 가지는 구조적 흐름으로 인해 어떤 결과가 발생하는지 분석적으로 살펴보려 한다. 원온원 방식은 많은 현장 경험에서 효과성이 검증되었다. 성과가 나쁘든지 평균이든지 우수하든지 관계없이, 이 시스템은 모든 업무 실행과 성과를 향상할 목적으로 구조화되었다.

일반적으로 원온원 성과코칭대화 시스템 구조의 4가지 요소는 피드백, 피드포워드, 빈도, 좋은 관계 유지로 이루어진다.

① 피드백

피드백이란 '특정한 행동과 사건에 대한 반응으로 제공하는 정보'라고 정의할 수 있다. 잘된 부분을 확인하여 반복할 수 있도록 하고, 잘되지 않은 부분을 수정할 수 있도록 하며, 문제를 예방하거나 기회를 활용하기 위해 정보를 수집하는 것이다. 시스템적 구조에서 입력값input이 수집되고 처리된 후, 그 결과로 제공되는 피드백은 다음 단계를 결정하는 데 사용된다.

예를 들어 팀장은 팀원의 프로젝트가 대부분 예산과 시간 내에 완료되지만 좀 더 창의성이 필요하다고 알려줄 수 있다. 또한 대화를 통해 특정 팀원 외에 다른 구성원들이 모든 프로젝트를 시간 내에 완료하지 않았다는 것을 파악할 수도 있다. 팀원의 결과물이 평균 이상이어도 좀 더 많은 시간을 들여 더욱 개선할 수 있다는 사실을 알 수도 있다. 즉 팀원은 팀장으로부터 받은 정보를 통해 여러 가지를 생각하고 조정할 수 있다.

[그림 7-1] 원온원 성과코칭대화의 시스템 구조

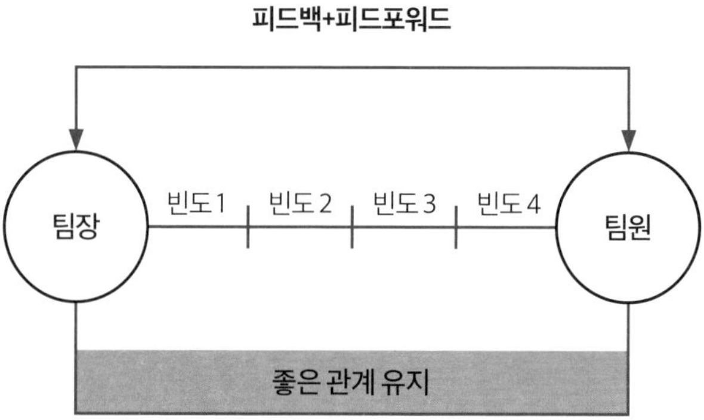

피드백+피드포워드

피드백은 때로 나쁜 뉘앙스를 주기도 하지만, 판단인 평가appraisal와는 전혀 다르다. 긍정적이든 부정적이든 중립적이든, 피드백 없이는 어떤 것도 새롭게 창조되거나 개선할 수 없다. 모든 자연과 인공 시스템은 입력값input, 프로세스process, 결과값output, 피드백feedback, 이렇게 4가지 요소로 구성된다. 결과값이 좋으면 프로세스는 반복된다. 결과값이 나쁘면 조정이 이루어진다. 우리 조직에서 피드백은 다양한 모습으로 프로세스를 개선하는 데 사용된다.

② 피드포워드

성과를 향상하려면 조직 내에서 피드백과 함께 피드포워드 도 필요하다.

우리가 흔히 접하는 온도조절장치는 피드포워드 시스템의 좋은 예이다. 원하는 실내온도가 섭씨 24도라고 하자. 온도조 절장치는 온도가 내려가거나 올라갈 때 냉난방 시스템을 작동 시켜서 온도를 섭씨 24도로 유지한다. 심지어 최신의 온도조절 장치는 외부온도를 모니터링해서 내부온도의 변화를 미리 예 측해 변화가 발생하기 전에 냉난방 시스템을 작동시켜 실내온 도를 최적으로 조절하기도 한다.

오늘날 인터넷 서치엔진이나 인공지능 역시 훌륭한 피드포 워드 시스템이다. 인터넷 서치엔진은 개인의 패턴을 학습한 다 음 그들이 즐겨 찾는 식당의 할인쿠폰을 보내거나 선호하는 음 식을 바탕으로 새로운 식당을 제안한다. 교통체증으로 아침에 출근시간이 평소보다 더 오래 걸린다는 사실을 미리 알려준다. 이러한 피드포워드 메커니즘은 이전의 피드백을 활용함으로써 미래에 발생할 가능성이 있는 일을 예측한다.

선수의 패턴을 알아보고 문제가 발생하기 전에 무엇을 해야 하는지 알려주는 코치 역시 피드포워드 시스템을 가동한다. 테니스 코치는 선수에게 코트에서 에러를 방지하거나 미래 성과를 개선하기 위해 최상의 상태를 유지하도록 요청한다. 선수에게 백핸드가 강점이니 그것을 더 많이 사용할 위치에 가도록 알려주는 것은 피드포워드이다. 미래 결과를 설명하거나 상상하며, 성과의 개선을 위해 기술과 지식을 사용하도록 유도한다. 코치는 팀원 중에서 어떤 선수는 강한 압박감 하에서도 잘 뛰지만, 다른 선수는 그렇지 않다는 것을 안다. 코치의 피드포워드는 선수의 필요에 따라 맞춰진다.

어떤 사람에게는 과업에 압도당하지 말고 마감일에 근심하지 않도록 업무 일정표를 미리 자세히 작성할 것을 요구하고, 다른 사람에게는 프로젝트의 중요성을 잊지 말도록 간단히 요구할 수도 있다. 어떤 경우든 피드포워드는 정보를 학습하고 수집하며 그것을 적극적으로 활용한다.

피드포워드는 팀장이 팀원의 성공을 돕는 것, 즉 좋은 코치가 되는 것을 강조한다. 좋은 코치는 팀원에게 이렇게 묻는다. "당신이 최고 수준에서 성과를 발휘하는 데 어떻게 도움을 드릴 수 있을까요?" 팀장 역시 팀원들의 집단적인 노력으로 생겨난 결과에 책임을 진다. 코치는 선수가 승리할 때만 승리한다.

성과가 달성되었느냐 여부와 관계없이, 피드포워드는 그 정보를 개선에 활용한다. 피드포워드는 미래 가능성에 중점을 두기 때문에, 원온원 성과코칭대화 시스템의 중요한 구성요소가 된다. 피드포워드에 입각한 질문은 다음과 같은 것이다.

"만약 … 라면 어떻게 될까요?"

"무엇이 가능할까요?"

"이 정보를 어떻게 활용할 수 있을까요?"

원온원 성과코칭대화 시스템에서 입력값input은 결과값output에 영향을 미칠 때 의미가 있다. 연말이나 게임 끝에서 제공되는 피드백은 유효성이 상당히 떨어진다. 그러나 하프타임에 제공되는 피드백은 적절하며 유효하다. 피드포워드와 결합한 피드백은 효과적이지만, 피드포워드 없는 피드백은 비판이나 평가에만 그치는 경우가 많다. 피드백이 정적이며 과거지향적인 정보나 측정이라면, 피드포워드는 적극적이고 전반적인 개선 기술이다.

그러므로 피드포워드 없는 피드백은 불완전하고 효과가 미미하다. 팀원에게 '그가 작성한 업무 보고서에서 4가지 실수 패턴이 발견되었다.'라고 말하는 것은 개선을 위해 가치 있고 없어서는 안 될 정보이다. 하지만 만약 팀원이 변경 방법을 모르는 경우, 피드백만 제공한다고 해서 성과가 향상되지 않는다. 먼저 문제를 인식하고 설명한 다음, 미래 결과를 예측하고 조절을 이끌어야 한다. 문제를 발견하는 것만큼 해결책을 제시하는 것도 중요하다. 피드백과 피드포워드는 서로 보완되며 상호 강화된다.

피드백과 피드포워드는 개념상 명확히 구분되는 개념이지만, 현장에서는 대부분 피드포워드를 따로 사용하기보다는 '피드백'이라는 포괄적인 개념으로 설명한다. 즉 피드백이 과거에 대한 정보와 관련된 것뿐아니라, 미래의 개선 또는 해결을 위한 정보 제공까지 병행한다고 이해하면 좋을 것이다.

⚑ 원온원 성과코칭대화가 얼마나 자주 필요한가?

③ 빈도

일반적으로 빈도는 '발생의 비율'이라고 정의된다. 통계적으로는 특정 카테고리에서 어떤 사건이 발생하는 횟수를 의미하기도 한다. 본질적으로 빈도가 산출되려면 행동의 중단이 있어야한다. 행동의 중단이란 쉬는 시간, 타임아웃, 중간휴식 등이다.

빈도는 루틴을 형성하고, 루틴은 습관을 형성하며, 습관은 탁월성을 만들어 낸다. 계획되고 예정된 회의는 필요한 사항이 적절한 시기에 다루어진다는 것을 의미한다. 일정을 따르는 약속은 그 자체로 의미가 있다. 주나 월, 분기, 반기, 연말에 잡힌 원온원 성과코칭대화는 토론의 장을 만들고 그것이 비록 힘들거나 하기 싫어도 지연시키거나 회피하는 것을 막아준다.

원온원 성과코칭대화의 빈도를 계획하면, 문제 발견, 의사결정, 조정뿐만 아니라 책임을 지는 일도 가능해진다. 빈도는 특히 대화 참여자 모두에게 책임감을 부여한다. 팀장은 어려운 대화를 회피하려는 경향이 있다. 반대의견을 내는 사람과 대화하거나 부정적인 소식을 전달하는 것은 쉽지 않다. 그러나 이미 예정된 약속이 있다면, 어렵거나 부담스러운 대화라도 연기할 핑계를 대기가 어렵다. 팀원에게도 유익하다. 팀장이 어렵다거나 부담스러워하는 바로 그 원온원 성과코칭대화가 팀원의 업무에서 실패를 막아줄 수 있기 때문이다.

우리 대다수는 업무 현장에서 너무 많은 일을 처리하느라 바쁘고 혼란스럽다. 업무가 뒤섞이고 우선순위도 엉망이 되기 쉽다. 모두에게 지속적인 피드백이 필요하다는 것을 알지만, 실제로 피드백을 주고받을 시간을 만드는 게 쉽지 않다.

그러나 대화 약속이 계획되고 예정되면 모든 이들이 일정에 맞추어 업무를 조정한다. 성과 대화를 연기하려는 팀원이 있다면, 팀장에게 경고 신호가 된다. 팀원과의 대화를 연거푸 취소하는 팀장이 있다면 무책임하다고 인식된다.

빈도는 가장 중요한 사항을 논의할 정해진 '시간'과 '장소'를 명시함을 의미한다. 빈도는 팀장과 팀원 모두가 해야 할 일, 즉 어려움을 논의하고 개선 기회를 찾는 일에 책임을 지게 한다. 원온원 성과코칭대화에서 최적의 빈도는 수행하는 업무, 그리고 팀원 개인의 특성을 평가해 결정하는 것이 좋다. 수행하는 업무와 가장 가까운 시간에 피드백이 전달되어야 잠재적인 조정을 할 수 있다. 어떤 조직은 월 단위 원온원 성과코칭대화가 너무 빈번하고 많은 시간을 할애한다고 생각할 수 있고, 어떤 조직은 그보다도 더 잦은 빈도를 원할 수도 있다. 특히 조직의 특성과 무관하게 신입사원이라면 조직, 부서, 관리자나 업무에 적응하도록 더 자주 원온원 성과코칭대화를 가질 필요가 있다.

MBO 시스템에 익숙한 리더들 다수는 분기 단위의 원온원 성과코칭대화가 표준이라고 생각한다. 하지만 신입이나 경력이 짧은 팀원이 많은 부서라면 매주 혹은 격주마다 원온원 성과코칭대화를 해야 할 수도 있다. 빈도는 조직의 환경과 여건, 개인의 업무와 성향에 맞춰 섬세하게 계획·조정해야 한다. 특정한 주기를 요구하는 것은 아니지만, 적절한 빈도는 원온원 성과코칭대화를 꾸준히 진행하는 데 중요한 요소다.

④ 좋은 유대관계 유지

성과평가와 관련해서 많은 문제가 발생할 수 있지만, 가장 간과되고 인정하고 싶지 않은 문제가 바로 팀장과 팀원의 관계이다. 피드백 자체가 얼마나 탁월하든, 사람들은 호감이 없는 누군가의 피드백을 따르기 힘들어한다. 아무리 이성적인 사람도 적敵과는 소통하고 싶어 하지 않는다. 그만큼 관계는 중요하다.

팀원이 팀장을 신뢰하지 않는다면, 원온원 성과코칭대화에서 아무리 좋은 말을 해도 경청하거나 가치 있게 여기지 않을 것이다. 심지어 팀장이 팀원을 칭찬하고 연봉을 대폭 올려준다고 말해도, 팀원은 가장된 기쁨만 표하고 뒤로는 '진짜 올라가는지 봐야 믿지, 솔직히 팀장의 말을 믿지 않아.'라고 생각할 수도 있다. 팀원들이 팀장이 자신들을 좋아하지 않는다고 생각한다면 어떻게 될까? 팀원들은 팀장이 편파적으로 행동하거나 자기를 긍정적으로 생각하지 않는다고 느낄 때, 피드백을 의도한 대로 받지 않을 것이다. 이렇듯 관계는 매우 중요하다. 사람들과 공유한 경험과 역사는 '피드백을 받아들이는 방식과 해석'에 영향을 미친다.

관계는 실제 업무가 진행되기 전에도 상호작용에 영향을 미친다. 그럼에도 팀장은 팀원과의 친숙함, 존경, 애정, 싫증, 선호, 상호작용 스타일이 원온원 성과코칭대화에 어떤 영향을 미치는지 잘 알지 못한다. 좋은 관계를 위해 어떻게 대화해야 하는지 훈련받지 못한 경우도 대부분이다.

때로는 메신저 자체가 메시지가 될 때도 있기에 유의해야 한다. 원온원 성과코칭대화에서는 유대관계를 매우 중요한 요소로 인식해야 한다. 원온원 성과코칭대화를 성공시키기는 데 유대관계는 생각보다도 훨씬 크게 작용을 한다.

원온원 성과코칭대화 체크리스트

팀장		팀원		날짜	
원온원 성과코칭대화 체크리스트					

아젠다	☐ 성과목표 ☐ 개인목표 ☐ 발전계획 ☐ 경력개발 ☐ 개인관심사 ☐ 기타:
빈도	☐ 주 단위 ☐ 격주 단위 ☐ 월 단위 ☐ 기타:
피드백 & 피드포워드	☐ 긍정적 요소: ☐ 개선적 요소: ☐ 액션플랜:
좋은 유대관계	☐ 예 ☐ 아니오 ☐ 기타:

ONE-ON-ONE PERFORMANCE REVIEW

제8장

성공적인 원온원을 위한
Big Question 5

FOR TEAM LEADERS

• 윈온윈질문1
"무엇이잘진행되고있나요?"
좋은성과를인식시키고반복하게만드는질문

김재철 팀장은 주 1회 팀원과 업무 미팅을 한다. 오늘 오전은 박혜선 대리 차례로, 1시간 정도 예정되어 있다. 김 팀장은 가벼운 질문으로 말문을 열었다.

"요즘 어떻게 지내요?"

그랬더니 박 대리의 하소연이 이어진다.

"주말에 딸아이가 새벽부터 엄청 열이 나는 거예요. 응급실까지 갔잖아요. 혹시 코로나인가 해서."

"고생했네. 코로나라던가?"

"아니요, 다행히 코로나는 아니지만, 환절기 독감이었어요."

"우리 애들도 환절기마다 그냥 넘어가는 법이 없었지."

"맞아요, 남편은 둘째를 가지자고 하는데, 전 정말 엄두가 안 나요"

… 박 대리의 말에 맞장구를 치다 보니, 어느새 1시간이 훌쩍 지났다.

점심 후에는 서 주임과도 미팅이 잡혀 있어서 박 대리와의 미팅을 더 연장할 수도 없다. 개인적 고민이긴 하지만, 같은 주제로 시간을 허비하고 만 것이다. 정작 궁금한 박 대리의 업무에 관해서는 한마디도 듣지 못했다. 김 팀장은 어떻게 업무 주제로 대화의 방향을 돌릴지 미팅 때마다 고민이다.

앞서 제3장에서 성과코칭대화를 할 때 리더의 '질문'이 얼마나 중요한지 살펴보았다. 실제 팀장 교육을 해 보면, '어떤 질문으로 말문을 열어야 할지 모르겠다.'라고 어려움을 토로하는 분들이 많다. 리더의 질문은 팀원의 말을 끌어내는 데 매우 중요하다. 원온원 성과코칭대화에서는 더욱 그렇다.

질문에는 목적이 있으며, 원온원 대화에서는 특별한 목적을 가진 질문을 활용할 필요가 있다. 또 한 가지 유의할 점은 팀장의 질문이 자칫 공격이나 훈계, 비꼬거나 혼내는 듯한 뉘앙스를 풍겨서는 안 된다는 것이다. 그런 질문은 팀원을 움츠러들게 할 뿐 아니라 지속적인 원온원 대화에서 좋은 관계를 유지하는 데 도움이 되지 않는다.

여기, 원온원 성과코칭대화에서 꼭 필요한 5가지 질문main

questions을 제안한다. 질문의 변형, 그리고 후속으로 덧붙이면 좋은 팔로업질문follow-up questions도 함께 제시한다. 원온원 성과코칭대화 현장에서 적극 활용하기를 기대해 본다.

첫 번째 질문은 "무엇이 잘 진행되고 있나요?"이다.

이 질문의 목적은 '좋은 성과를 반복하는 것'이다. 성공적인 성과를 객관화함으로써 루틴으로 만드는 데 목적이 있는 질문이다. 성공적인 성과의 개념과 범위를 명확히 하고, 성과를 인정하며 강화하는 역할을 한다. 좋은 결과를 반복하려면 누구라도 의식적인 노력이 필요하다. 팀원은 일을 잘하는 법을 알아야 하고, 좋은 성과가 만들어진 이유와 그것이 중요한 까닭을 정확히 인지해야 한다.

이 질문은 '좋은 성과란 무엇이며, 무엇으로 가능하고, 반복해서 그런 좋은 성과를 만들려면 어떻게 해야 하는지' 깨닫도록 도와준다.

성공적인 성과를 말할 때 우리는 보통 결과값output의 지표와 수준에 집중한다. 이는 조직의 중요한 경쟁력이다. 즉 품질을 향상하고 비용을 낮추고 고객을 창출하고, 조직의 특화된 중요한 목적을 달성하는 차별점이 된다.

"무엇이 잘 진행되고 있나요?"라는 질문은 정보를 찾아내고, 팀원이 자기 일에 대해 깊이 생각하도록 유도한다. 질문의 목적은 팀원 스스로가 올바르게 수행하고 있는 직무와 구체적 행동을 인정하게 만들고, 그럼으로써 해당 직무와 행동을 반복하도록 이끄는 것이다.

⌐ 라포를 형성하고
어색함을 깨는 데 좋은 질문

"무엇이 잘 진행되고 있나요?" 이 질문은 어색한 대화 분위기를 깨는 좋은 시작점이 된다. 긍정적인 질문이며, 바꿀 수 없는 과거에 얽매이기보다 현재와 미래를 향해 열려 있다. 팀장이 좋은 성과에 집중하면서 팀원을 칭찬할 자연스러운 기회도 생긴다. 아울러 팀원이 대화에 편안하게 참여하도록 독려한다. 본격적으로 어려운 주제에 대해 대화하기 전, 좋은 라포rapport를 형성하는 데 도움이 된다.

"무엇이 잘 진행되고 있나요?"라고 질문할 때, 팀장은 팀원이 일의 '우선순위'에 집중하는지 확인하는 게 중요하다. 팀원이 중요도가 떨어지는 일에 집중하는 것은 바람직하지 않다. 만약 이 질문을 했을 때 팀원이 핵심업무나 최우선 사항인 성과목표를 이야기하지 않는다면, 팀원의 노력과 헌신이 중요도 높은 업무에 집중되도록 변화를 요청해야 한다.

그러려면 "A, B, C에서 무엇이 어떻게 잘 진행되고 있나요?"

같은 구체적인 후속질문이 필요할 수도 있다. 이에 대해 팀원이 명확히 대답하지 못하거나 얼버무리면, 생각하듯 '우려'할 만한 징조이다.

팀장은 '좋은 성과'를 만들 뿐 아니라, 그것을 '다시금 반복해서 만들 수 있는 법'을 알아야 한다. 좋은 성과는 우연이 아니라 의도적인 계획과 행동을 통해서만 만들어지기 때문이다.

영화 '킹 리차드'에서 테니스 제왕 윌리엄스 자매의 아버지이자 최고의 코치인 리차드는 이렇게 말한다. "이 결과는 다 계획한 것이니까, 계획대로 되는 것이야." 좋은 성과는 절대 우연이 아니며, 오로지 의도적 계획과 행동으로만 만들어진다는 것을 깨닫게 하는 말이다.

"무엇이 잘 진행되고 있나요?"가 중심질문이라면 여기에 따르는 팔로업질문도 활용하기를 바란다. 팔로업질문은 원온원 성과코칭대화에서 필수적이기 때문이다. 팔로업질문이란 중심질문에서 언급한 주제나 질문에 대해 추가 정보나 세부 내용을 얻을 목적으로 하는 질문이다. 팔로업질문은 대화를 더 깊이 진전시키고 상세한 정보를 얻기 위해 사용한다. 대화를 확장하고 명확하게 하는 데 필요하고, 유의미하고 상호작용이 높은 대화를 하는 데도 도움이 된다. 예시를 통해 중심질문과 팔로업질문의 관계를 이해하자.

중심질문과 팔로업질문과의 관계

- **중심질문:** "프로젝트나 과제에서 어떤 **어려움**을 겪었나요?"
- **팔로업질문:** "어떤 방식으로 그 **어려움**을 극복하려고 노력했나요?"

- **중심질문:** "향후 목표가 어떻게 되나요?"
- **팔로업질문:** "그 목표를 달성하기 위해 어떤 계획을 하고 있나요?"

- **중심질문:** "동료나 팀원과의 협력에서 어떤 성공적인 **경험**이 있었나요?"
- **팔로업질문:** "그 **경험**에서 배운 교훈이나 팀원과의 협력 방법이 어떤 것이었나요?"

효과적인 팔로업질문은 대화의 주제를 타진한 중심질문에 이어서 핵심적인 세부사항을 파악하는 데 도움이 된다. 팔로업질문은 기존 질문과 정보를 명확히 하고 집중되게 하며 정확한 방향을 제시한다. 팔로업질문은 관련 데이터를 수집하고, 특정한 관심 분야를 지속하게 만들어 준다. 팔로업질문은 좋은 성과를 만들어 내고, 그 성과를 반복해서 만드는 데도 확실히 효과적이다.

"무엇이 잘 진행되고 있나요?"

①-1 원온원 질문 1의 변형 중심질문

- A, B, C와 관련하여 잘되고 있나요?
- 계획대로 진행되고 있는 것은 무엇인가요?
- 기대한 대로 잘 진행되고 있나요?
- 잘 진행되고 있는 것을 보여주는 증거는 무엇인가요?
- 지난 몇 주 동안 가장 자랑스러운 일은 무엇이 있었나요?
- 모든 것이 잘 작동되고 있나요?
- 최근에 잘되고 있는 중요한 3가지는 무엇인가요?
- 잘되고 있는 사례를 2~3개 예로 들어볼 수 있나요?
- 루틴 또는 자동으로 진행되고 있는 업무나 활동은 어떤 것이 있나요?
- 당신은 당신이 잘하고 있다는 것을 어떻게 알 수 있나요?
- 최근에 무엇으로 칭찬을 받았나요?

①-2 원온원 질문 1의 팔로업질문

- 지금과 동일한 수준의 성과를 어떻게 얻을 수 있을까요?
- 지금과 동일한 수준의 품질을 보장하기 위해 당신이 할 수 있는 일은 무엇인가요?
- 이 좋은 성과를 계속 반복하는 데 방해가 될 것으로 예상되는 것은 무엇인가요?

- 특히 어떤 과업을 수행해서 좋은 성과를 만들 수 있었나요?

- 좋은 성과를 계속 유지하기 위해, 필요한 도움이나 자원은 무엇인가요?

- 지금과 같은 긍정적인 성과는 시스템 설계의 결과인가요?

- 지금과 같은 긍정적인 성과는 교육의 결과인가요?

- 성공에서 당신이 배울 수 있는 것은 무엇인가요?

- 어떻게 하면 더 나은 성과를 얻을 수 있을까요?

"혹시 잘못되고 있는 것은 무엇인가요?"

성과의 장애물을 확인하고 극복하게 하는 질문

요즘 이진욱 대리 표정이 어둡다. 분명 뭔가 문제가 생긴 것 같다. 평상시 여유만만한 이 대리가 안절부절못하고 집중하지 못하는 걸 보면, 분명 업무에 문제가 발생한 것이 틀림없다.

김 팀장은 빨리 이 대리의 상황을 살펴볼 필요가 있다.

"이 대리, 이번 달 목표가 뭔지 알죠?"

"네, 제가 맡은 A제품으로 매출 25억 달성입니다."

"잘되고 있나요?"

"네, 전반적으로 순항 중입니다."

"혹시 내가 좀 더 알아야 하거나 다른 팀원들과 공유할 정보가 있나요?

"아… 글쎄요, 별로 없는 것 같은데요."

"오늘은 25일이고 곧 월말인데, 현재까지 A제품 매출이 얼마인지 아나요?"

"모르긴 해도 20억이 넘을 겁니다."

"이 대리, 정확히 알지 못하는 것 같네요. 현재까지 매출이 15억에도 미치지 못하고 있어요. 지금 문제가 발생한 것 같은데, 무엇이 목표달성에 장애가 되고 있나요?"

"실은…, A제품에 이상하게 불규칙한 품질 이상이 발생해서…."

"뭐라고요? 이제야 그런 얘기를 하면 어떡합니까?"

팀원들은 문제를 크게 만들고 싶어 하지 않는다. 그래서 문제가 생겨도 될 수 있는 한 구체화하거나 드러내려 하지 않는 일이 많다. 반면 팀장은 문제가 있다면 그것을 확인할 필요가 있다. 문제를 파악하고 해결하는 데 도움이 되는 질문을 해야 하는 것이다.

이렇듯 문제를 발견하고 해결하는 데 도움이 되는 질문이 바로 "혹시 잘못되고 있는 것은 무엇인가요?"이다.

"혹시 잘못되고 있는 것은 무엇인가요?" 이 질문은 책임에 관한 것이다. 또한 팀장과 팀원이 함께 미래에 조치해야 할 사항에 관해서 묻는 것이다.

그런데 이 질문을 팀원의 성과를 평가하거나 비난하기 위해, 혹은 실수에 대한 책임을 전적으로 지우기 위해 사용한다면, 오히려 성과를 떨어뜨릴 확률이 높다. 이 질문은 팀원이 아직 변화할 여지가 있는 동안 팀장에게 도움을 청하거나 해결 방법을 찾도록 기회를 제공하기 위함이다. 이 질문에 팀원의 좋은 성과 창출을 돕기 원하는 팀장의 선한 의도가 있다는 것을 팀원이 인식할 때, 질문의 효과가 커진다.

⚑ 문제를 드러내도 처벌하지 않음을 표현하는 질문

팀장은 이 질문을 통해 진지하게 도움을 주겠다는 의도를 확실히 보여줄 필요가 있다. 그렇지 않으면 팀원은 중요하거나 팀에 손해를 입힐 만한 정보를 숨기게 된다. 어떤 팀원은 부정적인 정보가 발견되지 않도록 애써 감추려 할 수도 있다.

팀원과 맺은 평상시의 좋은 유대가 이 질문으로 솔직한 답변을 얻는 데 중요한 역할을 할 것이다. 이 질문을 적절히 사용한다면 필요한 정보를 찾고 장애물을 발견하며 문제를 해결하는 데 도움을 줄 것이다. 즉 좋은 성과창출을 방해하는 문제를 찾아내고 제거하는 역할을 하게 된다.

이 질문의 유용성은 책임감을 '부드럽게' 제시한다는 것이다. 팀원들은 이 질문이 여러 번 반복해서 사용될 것임을 잘 알고 있다. 또한 이 질문에 정직하게 대답하지 않으면, 부정직하거나 부주의하거나 무능하다고 인식될 수 있음을 잘 안다. 중요한 정보를 처음부터 공개하는 편이 더 쉽고 덜 고통스럽다.

"혹시 잘못되고 있는 것은 무엇인가요?" 이 질문은 팀장이 개입하고 행동하고 팀원과 협력해서 성과를 수정하고 조정할 수 있는 기회를 제공한다. 팀장은 필요한 경우 인원, 훈련, 지원, 격려, 시간, 기타 적절한 자원을 제공할 수 있다. 팀원은 시간 내에 좋은 성과를 만들어 낼 수 있겠다는 기대를 품게 된다. 팀장의 질문이 올바르게 전달되고 좋은 의도로 제공된다면, 거의 모든 팀원은 이 질문에 충실하게 답하는 게 가치 있다는 것을 깨달을 것이다.

"S등급의 성과를 만들지 못하게 하는 것은 무엇인가요?"

"최근에 마주한 문제는 무엇인가요?"

팀장의 역할은 팀원이 최상의 성과를 만들도록 환경과 기회를 제공하는 것이다. 여기에는 문제를 찾고 해결하는 것이 포함된다. 모든 팀원이 팀장 없이 훌륭히 일을 해낼 수 있다면, 팀장 자리는 아무 의미가 없어질 것이다. 모든 위대한 선수에게 훌륭한 코치가 있듯이, 좋은 성과를 내는 모든 조직 구성원들은 문제, 도전, 실수를 해결하려고 열심히 도움을 주는 탁월한 팀장을 가질 자격이 있다.

[원온원 두 번째 질문]
"혹시 잘못되고 있는 것은 무엇인가요?"

②-1 원온원 질문 2의 변형 중심질문

• S등급의 결과물을 산출하는 데 어려움을 겪게 하는 것은 무엇인가요?

• 최근에 마주한 문제는 무엇인가요?

• 목표를 달성하지 못하게 막는 장애물은 무엇인가요?

• 일이 잘 진행되지 않는 것을 나타내는 지표는 무엇인가요?

• 팀 내에 어떤 우려사항이 있나요?

• 동료, 고객, 장비, 도구, 자원과 관련해 최근 업무에 영향을 미친 문제나 이슈가 있었나요?

• 가장 최근에 완료하기 어려웠던 3가지 업무(과제)는 무엇이었나요?

• 업무 성과에 부정적인 영향을 미치는 개인적인 문제가 있나요?

• 우리가 함께 상의하면 좋을 만한 정보 중에 혹시 공유하지 않고 있는 정보가 있나요?

• 팀장인 나의 반응을 걱정해서 공유하기 주저하거나 두려워하는 정보가 무엇인가요?

• 업무(과제)를 다르게 완료할 방법으로 무엇이 있을까요?

②-2 원온원 질문 2의 팔로업질문

• 이미 발생한 문제를 올바르게 다시 해결하기 위한 계획은 무엇인가요?

• 변화된 계획 조정으로 어떤 결과를 기대할 수 있을까요?

- 그다음에 무슨 일이 일어났나요?
- 이런 일이 일어난 이유는 무엇이라고 생각하나요?
- 현재 잠재적인 우려사항은 무엇인가요?
- 이러한 일들의 가능한 원인은 무엇일까요?
- 다음번에 S등급의 작업을 보장하기 위해 구체적으로 어떤 도움이 필요한가요?
- 이 대화 이후에 달라질 수 있는 점은 무엇인가요?
- 올바른 방식으로 업무(과제)를 수행하는 데 방해되는 것은 무엇인가요?
- 이러한 도전(적 업무)에 관계된 다른 사람은 누구인가요?
- 상황을 다시 정상화하기 위해 누가 관여해야 할까요? 그 이유는 무엇인가요?
- 현재의 어려움(실수)에서 무엇을 배울 수 있을까요?
- 어떻게 현 상황을 극복할 수 있는지 제안할 것이 있나요?
- 이것을 성공적으로 만들기 위해 책임이 있는 다른 사람이 누구인가요?
- 이러한 어려움에 영향을 준 장비, 시스템, 프로세스, 리소스는 무엇인가요?
- 이러한 어려움이 재발하지 않기 위해 무엇을 할 수 있나요?
- 이 상황에 대해 팀장인 내가 아는 것과 모르는 것은 무엇인가요?
- 증상 symptoms인지 진짜 문제 real problem인지 구별하고 있나요?

- 이 문제에 대한 완전한 해결을 위해 조사해야 할 정보나 사실은 무엇 인가요?

- 가장 중요한 과업을 수행하지 못하게 하는 것은 무엇인가요?

"어떻게 되고 있나요?"

성과 진척사항을 명확히 파악하게 하는 질문

김 대리의 상반기 전략목표는 대전·세종 지역을 중심으로 한 중부지역 채널을 구축하는 것이다. 사업부 전체의 올해 목표 중에서도 중부지역 채널 구축은 매우 중요한 핵심과제이다.

"김 대리, 오늘이 벌써 세 번째 정기미팅이네요. 오늘은 중부지역 채널 구축에 관해 얘기를 좀 했으면 해요. 대전·세종 지역을 중심으로 한 중부지역 채널 구축이 금년도 우리 사업부의 핵심과제 중 하나인 것 잘 아시죠?"

"네, 잘 알고 있습니다."

"지금 중부지역 채널 구축을 위해 구체적으로 어떤 계획들을 갖고 있나요?"

"네, 현재까지 경쟁사 분석을 했더니 3개 업체가 시장에서 중요한 리딩 회사로 판단됩니다. 그리고 무엇보다 시장개척을 할 수 있는 영업사원들을 채용하는 게 가장 급한 것 같습니다."

"그럼, 면접이라도 보려면 사무실 공간이 있어야 할 텐데, 그 부분은 어떻게 되고 있나요?"

"네, 대전역 근방에 몇 군데 알아보았고요. 구체적인 크기와 가격대는 따로 보고드리겠습니다." "좋습니다."

"그럼, 영업사원 채용에 필요한 구체적 액션플랜을 알려주세요!"

"네, 정리해서 바로 말씀드리겠습니다."

"혹시 다른 중요한, 내가 꼭 알아야 사항들이 있을까요?"

"현재까지는 지금 보고드린 정도입니다. 추가사항이 있으면 바로 말씀드리겠습니다."

박 팀장은 영업본부에 할당된 올해 핵심과제 중 하나인 '중부지역 채널 구축'에 대해 담당자인 김 대리의 구체적인 목표와 실천계획, 기타 중요한 사항에 대해 대화했다. 김 대리의 일처리가 뭔가 깔끔하지는 못하다는 인상을 지울 수 없지만, 그래도 두 사람이 지금까지의 중요한 정보를 공유할 수 있어 유익한 시간이었다고 생각한다.

만약 박 팀장이 뭔가 불안한 부분에 대해 의구심을 떨칠 만큼 명료하게 파악하면서도, 김 대리로 하여금 추궁당한다는 느낌이 들지 않게 하려면 어떤 질문을 해야 할까?

원온원 성과코칭대화의 세 번째 효과적인 질문은 바로 "(당신의 목표, 실천계획, 기타 중요한 것들은) 어떻게 되고 있나요?"하는 것이다. 괄호 안에는 팀장이 꼭 알아야 하는 일의 진척사항을 파악할 만한 주제가 들어가야 한다.

업무 활동에 대한 진행상황 보고를 요청하는 질문이다. 팀원의 노력과 그에 따른 결과 진행사항을 추적·관리하기 위함이다. 일간, 주간, 월간, 분기, 연간 목표를 확인함으로써 그에 맞춰 팀원의 업무가 잘 진행되고 있는지 지속적으로 모니터링하는 질문이다.

이 질문을 함으로써 잘한 일을 칭찬하거나, 뒤처지고 있는 일을 독려하거나, 잘못된 부분을 수정할 수 있다. 모든 것이 잘 진행된다는 것이 확인되면, 관리자는 다른 중요한 일에 집중할 수 있다. 모든 목표가 공식적이거나 동일한 구조와 수준을 갖지 않으므로, 세분화한 질문을 사용하는 것이 좋다. 일간이나 월간 단위로 꾸준히 진행되어야 하는 작업에서부터 특정 프로젝트 단위로 진행되는 작업에 이르기까지 조직에는 수행해야 할 과업이 많다. 목표와 실천계획 등을 확인하기 위한 '좀 더 구조화된 질문'을 사용해야만 반복적인 작업이나 프로젝트 및 장기 작업을 추적하는 데 도움이 될 수 있다.

목표에 맞춰 성과를 내고 있는지 확인하는 질문

"(당신의 목표, 실천계획, 기타 중요한 것들은) 어떻게 되고 있나요?"
이 질문이 효과적으로 작동하려면 체계적인 접근이 필요하다.

① 목표달성 중심적인 접근을 하라.

이 질문에 하는 가장 좋은 접근법은 목표를 미리 합의하고 중간 단계 목표를 식별함으로써 목표달성 정도를 평가할 수 있는 측정항목을 미리 설정하는 것이다. 진행상황의 지표로 꾸준히 목표를 확인하고 측정항목을 체크하는 방법으로 목표달성은 용이해진다. 장기목표를 단기목표로 잘게 나누면, 각 구간마다 측정항목을 지정할 수 있다. 이렇게 하면 팀장이 과업이 잘못될 징조가 나타났을 때 조기에 개입하고 필요한 경우 조정할 수 있게 된다. 너무 멀고 큰 장기목표를 더 작고 짧은 기간에 성취해야 할 단기목표로 나누면 행동계획 역시 명확해진다. 즉 팀원은 정해진 단기 행동계획을 따르기만 하면 되는 것이다. 이렇게 하는 편이 목표달성에 훨씬 유용하다.

조직의 큰 목표는 운영 유닛unit에 할당되고, 그런 다음 부서, 팀, 개인으로 세분화해서 주어진다. 팀장은 팀원과의 정기적인 원온원 성과코칭대화를 통해 지속해서 팀원에게 조직의 목표와 연계align되도록 해야 한다. 개인, 동료, 팀, 부서를 관통하는 목표를 설정하는 것은 좋은 관리 습관이다. 정기적인 원온원 성과코칭대화를 통해 팀장은 이러한 연결을 확인하고 진척 정도를 모니터링할 수 있다.

② 좀 더 거시적인 관점에서 접근하라.

"목표의 진행상태가 어떤가요?" 이 질문은 일상적인 업무에 관한 질문과 구별된다. 특정 프로젝트나 작업, 목표달성을 위해 완료해야 할 과업 자체에 대한 대화라기보다는 '더욱 큰 그림을 보고 개별적인 조치에 집착하기보다 파트너십을 갖기를 권장하는' 질문이다.

원온원 성과코칭대화의 목적은 어떻게 전체 그림이 연결되어 있고 무엇이 작동하거나 작동하지 않는지를 종합적으로 검토하는 데 있다. 올바른 과업 수행과 올바른 자원 활용을 지향함으로써 여기 참여하는 구성원 공통의 성공을 창출하는 데 자신의 역할이 무엇인지 알게 해 준다. 그런 의식을 일깨우는 중심질문으로는 다음과 같은 것을 꼽을 수 있다.

"우리는 올바른 목표를 설정하고 관리하고 있나요?"
"이 목표는 부서 혹은 팀의 목표달성과 연관되어 있나요?"
"이 목표가 달성되지 않으면 회사에 더 큰 영향이 있을까요?"
"이 목표를 달성하는 데 예상치 못한 장애물이 발생했다면, 다른 부서나 상급자에게 통보해야 할까요?"

"이 목표는 최근의 변경 사항을 고려했을 때 여전히 유효한가요?"

③ 목표관리와 품질보증의 관점으로 접근하라.

"목표가 어떻게 진행되고 있나요?" 이 질문은 전체 진행사항을 점검하게 만들고, 목표가 사람, 시간, 조직 간에 상호 소통되고 조정되게 만드는 역할을 한다. 이 질문을 던지는 것은 일을 전체적으로 시간과 예산 내에서 계획에 따라 완료되도록 채근하는 의미도 띠는 셈이다.

팀원의 참여를 촉진하려면, 팀원과 책임을 공유하고 "(당신의 목표만이 아니라) 우리의 목표가 어디쯤 진척되고 있나요?" 하고 묻는 것이다. 이렇게 하면 팀원과의 관계와 협력 관계를 구축하는 데 도움이 된다. 팀원은 자기 혼자 업무를 수행하는 것이 아니며, 자신의 성공에 열정적으로 참여하는 좋은 코치가 곁에 있다는 것을 인식할 때 자신감을 느낀다.

변형된 중심질문으로는 다음과 같은 것이 있다. 목표가 제대로 추적되지 않거나 팀원이 과업이나 프로젝트 상태에 대해 제대로 된 답변을 하지 못한다면, 우리의 목표는 달성되지 못하고 있다고 보아야 한다.

"목표를 어떻게 추적하고 있나요?"
"목표를 올바르게 추적하고 있나요?"
"최근에 어떤 활동을 완료했나요?"

[원온원 세 번째 질문]
"어떻게 되고 있나요?"

③-1 원온원 질문 3의 변형 중심질문

- 우리 목표의 현황은 어떤가요?
- 합의된 목표를 달성하기 위한 진행상황이 어떤가요?
- 우리는 목표를 올바른 방식으로 추적하고 있나요?
- 지금 우리가 추진하는 목표가 계획된 것에서 이탈했는지 어떻게 알 수 있나요?
- 최근에 완료한 행동계획의 활동은 어떤 것이 있나요?
- 목표와 관련하여 달성한 중간 결과물은 어떤 것이 있나요?
- 성과·결과가 올바른 경로에 있는지 확인하는 증거 또는 지표는 무엇인가요?
- 합의된 목표는 계획대로 진행되고 있나요?
- 목표 중에서 목표 일정을 충족하지 못한 것은 무엇인가요?
- 목표 중에 현재로서 달성이 불가능하다고 판단한 것은 무엇인가요?
- 현재로서 가장 중요한 목표들은 무엇인가요?
- 현재 시점에서 계획이나 조치 등 변경이 필요한 것은 무엇인가요?
- 목표와 계획을 달성하기 위해서 필요한 자원은 무엇인가요?
- 중간 성과로 축하해야 할 활동은 어떤 것이 있나요?

③-2 원온원 질문 3의 팔로업질문

• 목표가 모두 올바른 경로에 있는 것을 증명할 수 있는 증거는 무엇인 가요?

• 30일 및 90일 행동계획은 어떻게 되나요?

• 목표와 계획에 대한 현황 보고서의 구체적 내용은 무엇인가요?

• 계획한 모든 것을 완료하면 우리의 목표를 달성할 것이라고 확신할 수 있나요?

• 우리가 추적 중인 목표가 올바른가요?

• 현재의 추적 및 보고 시스템이 우리에게 현재 상황에 대한 올바른 정 보를 제공하나요?

• 현재 추적 중인 것 외에 추적해야 할 것은 무엇인가요?

• 처음에 만든 목표는 여전히 의미가 있나요?

• 계획대로 목표를 달성하지 못하면 어떤 일이 발생하나요?

• 앞으로 수일·주·월 동안의 업무 계획은 어떻게 되나요?

- **원온원질문 4**

"내가어떻게도울수있을까요?"

성과달성 도중에 막힌 부분을 찾아내기 위한 질문

박 팀장은 김 대리가 추진 중인 중부지역 채널 구축 과제에 대해 좀 더 알아보고 필요하다면 도움을 주어야겠다고 생각한다.

"김 대리, 지난주 점검했던 '중부지역 채널 구축' 과제에 대해 이번 미팅에서도 다루고 싶다고 했죠?, 잘됐어요. 나도 궁금했거든요. 영업사원 채용은 어떻게 되어가나요? 문제는 없나요?"

"아니요, 팀장님. 고민이 많아요. 잘 안 풀립니다."

"액션플랜으로 보면 취업포털에 채용공고문을 내고 지역 공공기관의 지역 인재 매칭 프로그램을 활용한다고 하지 않았나요?"

"네, 맞아요. 그런데 공공기관들이 잘 협조를 안 해 줍니다. 지역 인재를 추천하는 기업 요건도 까다롭고요, 담당자가 잘 움직이

질 않습니다."

"아, 그래요? 걱정이네. 그럼, 내가 어떻게 도와주면 좋을까요?"

"팀장님이 공문을 보내주시고, 담당자의 윗선인 고 팀장님을 직접 만나서 설득해 주시면 정말 좋겠는데요."

"그래요, 알았습니다. 일정을 잡읍시다. 고 팀장 관련하여 내가 알아야 할 게…."

박 팀장은 김 대리가 고민하고 있던 바를 바로 도와줄 수 있다는 생각에 기분이 좋아졌다. 박 팀장이 나서니 김 대리 역시 좀 더 주도적으로 일을 처리할 수 있게 되었고, 혼자 외롭게 어려운 과업을 떠맡은 게 아니라 도움을 주는 든든한 지원군이 있다는 것을 알게 되었다.

이처럼 원온원 성과코칭대화에 효과적인 네 번째 질문은 "내가 어떻게 도울 수 있을까요?"이다.

"내가 어떻게 도울 수 있을까요?" 이 질문은 팀장이 팀원에게 할 수 있는 가장 중요한 질문이며, 가능하면 자주 물어야 할 질문이다. 팀원이 일을 잘 수행하도록 권한위임을 받았다고 느끼게 해 주고, 지금 수행해야 하는 게 무엇인지 깨닫게 해 준다. 팀원은 성과를 내기 위해 필요하다면 얼마든지 도움을 받을 수 있다는 것도 알게 된다. 팀원이 하는 일이 중요하기에 조력과 자원을 지원받을 수 있다. 팀원 혼자 일하는 것보다 더 나은 방식으로 일을 수행하도록 돕는 것이 바로 팀장의 존재이유 아닌가?

탁월한 팀장은 성공의 열쇠가 바로 다른 사람이 최상의 일을 할 수 있도록 돕는 것, 즉 그들을 성공으로 이끄는 것에 있음을 알아야 한다. 그들은 팀원에게 필요한 지도, 지시, 교육, 지원, 격려를 아끼지 말고 제공해야 한다.

"내가 어떻게 도울 수 있을까요?" 이 질문은 올바른 피드백과 실제 도움을 주기 위해 탁월한 코칭 질문이다. 대부분 팀원은 목표를 달성하지 못하는 합리적 이유를 제대로 제시하기 어려워한다. 이 질문은 팀원이 자신의 성과에 대한 결실을 감당해야 함을 알려준다. 이 질문은 성과의 결실은 담당인 팀원의 몫이며 변명할 여지 없이 오롯이 책임져야 한다는 것을 인식시킴과 동시에 그것을 하기 위해 홀로 내버려져 있지 않다는 것 또한 알게 해 준다.

팀원과 팀장 간의 신뢰와 좋은 팀워크를 만드는 질문

팀원은 저마다의 지식, 재능, 기술을 갖고 있다. 팀장 역시 모든 것을 다 아는 존재가 아니며 모든 것을 다 할 수도 없다. 코치가 선수들에게 현장의 경기를 더 높은 수준으로 플레이하도록 권한을 부여하고 필요한 도움을 줄 때 비로소 성과 파트너십이 형성된다. 이것이 팀장과 팀원이 가져야 할 역할이자 관계이다. 어떤 면에서는 팀장은 팀원의 성공과 성과를 위해 일하는 존재이며, 이를 위해 코칭 리더십의 원칙을 실행해야 한다. 팀장이 팀원들이 만들어 내는 집단적 성과에 '승수효과'를 창출하지 못한다면, 불필요한 오버헤드 비용에 불과할지도 모른다.

이 질문의 변형 중심질문으로는 "당신이 최상의 성과를 만들 수 있도록 내가 어떻게 도울 수 있나요?"하는 것이 있다. 이 질문을 꾸준히 반복한다면, 팀장과 팀원 간에 신뢰와 관계성을 구축되고 파트너십이 성장하는 효과를 기대할 수 있다. 당사자인 팀장과 팀원 모두 성과에 대한 책임을 공유하게 되므로, 상호역할, 지원, 품질보증을 증대시킬 수 있다. 팀원은 스스로 성공과 성과에 더욱 헌신하게 되며 팀장은 올바른 자원, 도구, 지침, 교육 등을 제공할 의무를 기꺼이 담당한다. 그렇게 되면 팀원은 자신의 실패에 대한 변명을 최소화하고 성공의 가능성이 더욱 커진다.

때로 이 질문에 대한 불편한 답변이 돌아올 수도 있다.

"팀장님이 도와주실 일은 별로 없어요."

"팀장님의 지나친 관심이 오히려 일의 진척을 방해할 것 같아요."

만약 이런 답변이 돌아온다면, 팀원의 신뢰를 얻고 유대관계를 강화하기 위한 노력을 더욱 기울여야 한다. 이 질문을 대체

하는 변형된 중심질문으로는 다음과 같은 것이 있다.

"계속 잘 수행하려면 무엇이 필요한가요?"

"현재 업무를 달성하기 위한 지원사항은 무엇인가요?"

[원온원 네 번째 질문]

"내가 어떻게 도울 수 있을까요?"

④-1 원온원 질문 4의 변형 중심질문

• 최상의 일을 할 수 있도록 제가 도울 방법이 무엇인가요?

• 계속해서 잘 수행하기 위해 필요한 것은 무엇인가요?

• 어떻게 하면 당신을 가장 잘 지원할 수 있을까요?

• 당신의 성과에 어떤 것이 방해되고, 어떤 것이 도움이 되고 있나요?

• 업무와 관련하여 피드백을 너무 적게 받거나, 너무 많이 받고 있나요?
  아니면 적절한가요?

• 업무와 관련한 지원을 너무 적게 받거나, 너무 많이 받고 있나요? 아
  니면 적절한가요?

• 당신이 최상의 성과를 내도록 내가 기여한 것이 무엇인가요?

• 당신의 업무 수행을 더 쉽게 하기 위해 내가 할 수 있는 것이 무엇인가요?

• 당신의 직무를 더 흥미롭고 재미있게 하기 위해 내가 무엇을 할 수 있
  을까요?

④-1 원온원 질문 4의 팔로업질문

- 우리가 논의한 변경사항을 실시하면 당신이 S급 수준의 성과를 낼 수 있을까요?

- 당신이 목표달성하기 위해 필요한 다른 것이 있나요?

- 당신은 성공을 위해 필요한 자원, 도구, 장비를 갖고 있나요?

- 당신이 최상의 성과를 내는 데 방해요소가 되는 장애물이 있나요?

- 당신이 지금보다 더 잘할 수 있도록 도움이 될 수 있는 변경사항은 무엇인가요?

- 팀장인 내가 당신을 가장 많이 도와준 것과 가장 적게 도와준 것 한두 가지를 말해 주세요.

- 혹시 나의 리더십 스타일이 당신이 일하는 것을 도와주는지, 아니면 방해가 되는지 알려주세요.

- 나를 리더로서 어떻게 묘사하겠어요?

- 당신이 팀장으로서 내게 기대하는 것은 무엇인가요?

- 팀장인 나에게 하나의 질문을 할 수 있는 기회가 있다면 무엇을 묻고 싶은가요?

- 올해 업무에서 더 이루고 싶은 한 가지가 있다면 무엇인가요?

• 원온원질문5
"어떻게 지내고 있나요?"
팀원의 행복과 안정에 대해 알아보는 질문

"오늘 해야 할 이야기는 모두 마친 것 같네요. 근데, 김 주임. 요
즘 직장생활은 어때요?"

"네? 아⋯."

"요즘 힘들진 않아요?"

"조금 힘이 듭니다. 그래도 일이 재밌고, 성장하고 있다고 생각
합니다."

"아, 그래요? 좋은데요. 그럼, 본인이 성장하고 있다는 것을 어
떻게 알 수 있죠?"

"음, 정확히 말씀드리기는 쉽지 않지만, 그래도 작년보다는 일
을 처리하는 속도나 내용 면에서 훨씬 나아진 것 같아요. 그리
고 또 동료들 간의 소통도 크게 부담스럽지 않게 잘 되고 있습

니다. 그래서 일에 대한 자신감도 더 생긴 것 같고요."

"정말 좋군요. 본인이 성장하고 있다고 느낀다니 정말 고맙고 좋네요. 올 초 성과목표 설정 미팅 때도 나눈 얘기지만, 일의 성과를 만들어 내는 것도 중요하지만, 더불어 직장생활이 가급적 행복했으면 하고, 일을 통해 김 주임이 성장하고 결국 본인이 꿈꾸는 최종의 목표에 잘 도달했으면 해요."

"팀장님, 감사합니다. 항상 지지해 주시고 관심 가져 주셔서 힘이 납니다."

김 팀장은 규칙적으로 주요 업무과제에 관한 미팅을 한다. 하지만 그때마다 가급적 시간을 할애해서 팀원 개개인의 직장에서의 삶이나 관심, 취미 등에 대해서도 이야기를 나눈다. 요즘 워라밸work+life balance 등이 강조되는 상황에서 개인의 웰빙well-being이 결국 팀과 조직에 많은 영향을 끼치고 있음을 잘 알고 있기 때문이다.

원온원 성과코칭대화에서 효과적인 다섯 번째이자 마지막 질문은 "어떻게 지내고 있나요?"이다. 하지만 이 질문을 라포를 형성하기 위해서 혹은 대화의 시작을 매끄럽게 하기 위한 인사 개념과는 구별해서 이해할 필요가 있다.

"어떻게 지내고 있나요?" 이 질문은 사소한 것처럼 보이지만, 실제로는 숨겨진 원온원 성과코칭대화의 보물과도 같은 질문이다.

일반적으로 조직의 관리자는 조직구성원performer과 일상의 개인person을 은연중에 구분하려고 한다. 그런데 이 둘은 마치 동전의 양면처럼 실제로는 절대 나눌 수 없는 하나의 존재이다. 구성원의 참여의식은 매우 유동적이고 임의적인 특징을 가진다. 구성원은 무언의 외침을 던지고 있다. "당신이 나를 알지 못하고 내가 무슨 생각을 하는지 신경 쓰지 않는다면, 나 역시 내 노력과 헌신을 100% 이 조직에 제공하지 않을 거야!" 이것이 팀원의 속마음임을 잊지 말아야 한다. "어떻게 지내고 있나요?" 이 질문은 성과가 조직구성원이 아닌 한 개인이자 소중한 인간의 산출물이라는 것을 인정한다. 사람은 누구나 자기가 중요하다고 느끼길 원하며, 누구나 독특하고 존귀한 개인으로 대우받길 원한다.

이 질문은 원온원 성과코칭대화의 맨 나중에 하는 것이 효과적이다. 대답이 너무 무겁거나 부정적이거나, 업무에 좋지 못한 영향을 줄 만한 극히 사적인 영역(이혼을 생각하고 있어요, 임신했어요, 엄마가 위암이에요, 우울증이 온 것 같아요…)에 속한다면, 업무와 너무 동떨어진 대화로 이어질 수 있다.

반면 대답이 가볍거나 재미있거나 흥미로워서(결혼해요, 집을 사려고 해요, 이곳이 너무 좋아요, 재밌는 물건을 샀어요…) 업무와 무관한 얘기로 많은 시간을 소비할 수도 있다.

원온원 성과코칭대화 끝에 이 질문을 하면 대화는 주어진 시간으로 제한된다. 만약 팀장과 팀원 모두 시간적 여유가 있고 꼭 이어가야 할 주제라면 대화를 이어갈 수도 있다.

⚑ 좋은 유대관계를 키우고 관심을 확인시키는 질문

"어떻게 지내고 있나요?" 이 질문은 최상의 성과창출을 위해 팀원과의 개인적인 관계를 증진하는 데 도움이 된다. 팀장은 코치가 되어야 하며, 가장 효과적인 코치는 선수의 성격, 행동, 습관, 선호도, 스타일 및 다른 특성을 잘 알고 있어야 한다. 대다수 사람은 어린 시절 축구 코치, 스카우트나 동아리 선배, 선생님이나 군대 상사가 개인적으로 관심을 보여주었을 때 최선을 다해 헌신과 노력을 기울였던 것을 기억할 것이다. 그들은 누군가 개인적으로 관심을 기울이면 운동, 학문, 맡은 업무에서 더 나은 성과를 낸다는 것을 잘 알았던 것 같다. 바람직한 코칭의 모습이기도 하다.

누군가에게 어떻게 지내는지 진심으로 묻고 그들의 대답을 잘 경청하면, 그것만으로도 큰 의미가 있다. 물론 이 질문을 하면 업무와 무관하거나 적절하지 않은 주제로 빠질 위험도 있다. 그럴 때 대화의 방향을 유지하는 것 역시 팀장의 역할이다. 하지만 팀원의 배우자, 자녀, 취미, 휴가, 건강 등에 대해 대화를 나누는 것은 종종 중요한 업무적 성과와 연결될 때가 있다. 팀원이 매년 아이 때문에 특정 시기마다 휴가를 내야 하거나 결혼기념일을 특별히 챙겨야 하거나 아픈 부모님을 모시고 산다는 등의 정보를 알면 업무에도 도움이 된다. 팀원이 좋아하는 색을 알면, 선물을 사 줄 때 유용하다. 좋은 업무를 위해 팀원의 정보를 알고 있는 것이 필요한 이유이다. 하지만 사적인 정보인 만큼 피해야 하거나 논쟁적이거나 차별적 요소가 있는 주제도 있으니 유의해야 한다.

"어떻게 지내고 있나요?" 이 질문을 하는 이유는 '팀원이 근무환경과 관련해 어떻게 지내는지' 확인하기 위함이다. 팀장은 원온원 성과코칭대화 중에 팀원에게 '어떻게 지내는지' 물을 수 있는데, 목적 중 핵심은 특정 이슈가 업무에 부정적인 영향을 미칠지 확인하기 위한 것이 되어야 한다.

사랑하는 사람과 헤어져 낙담하고 있거나 사적인 이유로 성과가 부진하므로 격려와 지원이 필요하다는 것을 무시하거나, 팀원의 생일 중요한 기념일을 챙기지 않는 걸 당연시하면 결국 성과에 부정적인 영향을 끼치게 된다. 팀장은 팀원이 업무를 수행하는 동안 어떤 감정과 생각을 갖는지 충분히 관심을 기울여야 한다. 조직구성원이자 하나의 개인인 팀원 각자를 인정하고 그의 성공을 위해 노력해야 하기 때문이다.

[원온원 다섯 번째 질문]
"어떻게 지내고 있나요?"

⑤-1 원온원 질문 5의 변형 중심질문

- 직장생활은 괜찮아요?

- 내가 모르는 일로 업무에 부정적인 영향을 주는 것이 있나요?

- 직장에서 잘되고 있는 것의 좋은 예는 무엇인가요?

- 일-생활 균형은 관리 가능한가요?

- 일에 대해 걱정되는 것이 무엇인가요?

- 당신을 가치 있게 여기고 함께 일하는 동료가 있나요?

- 일에서 하고 싶은데 할 기회를 얻지 못하는 것이 있나요?

- 팀에서 가장 만족스러운 것은 무엇인가요?

- 요즘 괜찮아요?

- 직장에서 일이 잘 되고 있나요?

- 최선을 다하지 못하게 막는 것이 무엇인가요?

- 요즘 일에 대해 무슨 생각을 하고 있나요?

- 원하는 것을 배우고 있나요?

- 여전히 직장에서 성장하고 있나요?

- 인생에서 가장 열정적으로 생각하는 것은 무엇인가요?

- 더 많은 시간을 보내고 싶은 것은 무엇인가요?

- 알아야 한다고 생각하는 것을 어느 정도 알고 있나요?

- 지난 1년 동안 직장에서 가장 좋은(행복한) 날은 언제였나요?

⑤-1 원온원 질문 5의 팔로업질문

• 당신의 일은 여전히 도전적이고 만족스러운가요?

• 일에서 하나만 바꿀 수 있다면 무엇을 바꾸고 싶은가요?

• 일이 너무 많은가요? 아니면 너무 적은가요?

• 직장에서 사람들이 공정하게 대우하나요?

• 직장 외에 취미활동을 하거나 자원봉사 활동을 하는 게 있나요?

• 당신이 하는 일에 대해 어떤 감정을 느끼나요?

• 일들이 처리되는 방식에 대해 만족하나요?

• 왜 이 직업을 선택했나요?

• 당신의 일에서 가장 좋아하는 것은 무엇인가요?

• 최근 몇 달 동안 직장에서 어떤 변화가 걱정되나요?

• 업무 외에 다른 주제에 관해 이야기하고 싶은 것이 있나요?

• 최근에 무엇을 배웠나요?

• 최근에 배운 것 중에서 가장 재밌거나 놀라운 것은 무엇인가요?

원온원 성과코칭대화 템플릿

원온원 성과코칭대화 템플릿	
질문	**확인**
1. 무엇이 잘 진행되고 있나요?	☐
2. 혹시 잘못되고 있는 것은 무엇인가요?	☐
3. 어떻게 되고 있나요?	☐
4. 내가 어떻게 도와줄 수 있을까요?	☐
5. 어떻게 지내고 있나요?	☐
기타 질문:	☐
[종합의견]	

팀원 이름		소속팀	
일시			

5가지를 순차적으로 질문해도 되고, 필요에 따라 적절하게 섞어서 사용해도 좋다. 상황에 맞춰서 어느 하나를 집중적으로 활용해도 좋다. 단, 5번 질문은 단독으로 사용하기보다 다른 질문과 함께 대화의 맨 끝에 사용하면 좋다.

발견된 사항	피드백 또는 조치사항

팀장 이름		소속 팀	
회차			

ONE-ON-ONE PERFORMANCE REVIEW

제9장

"성과면담, 이럴 땐 어떻게 하죠?"
BEST 사례 14

FOR TEAM LEADERS

Case 01 코칭 자체가 부담스럽게 느껴져요!

 팀장의 S.O.S

> 박상민 팀장은 평소 별로 말이 없다. 회사에서는 팀원들에게 코칭을 자주 하라고 하지만, 굳이 그럴 필요가 있을까 하는 생각이 많이 든다. 다 큰 성인들인데, 다 잘 알아서 할 것이고, 말을 한다고 해서 변화가 일어나기가 쉽지 않을 것 같은데, 굳이 부담스럽게 코칭을 할 필요가 있을까 생각하고 있다.

💡 실전 솔루션

최근의 성과관리는 구성원과의 긴밀한 소통을 강화하고, 상시 피드백을 강조한다. 또한 최고의 리더는 관리자, 쿼터백의 역할을 하는 것보다는 팀원이 스스로 좋은 결과를 만들어 내도록 돕는 코치형 리더이다. GE의 전설적 CEO 잭 웰치는 리더가 익혀야 할 최고의 기술은 코칭이라고 할 정도로 코칭은 팀장에게 필수적이다. 평소 코칭을 하는 것이 부담스럽게 느껴진다면, 이렇게 한번 해 보길 추천한다.

① 비공식적인 코칭을 시도해 보라.

모든 코칭이 형식적이거나 공식적일 필요는 없다. 때로는 가볍게 나누는 일상 대화나 환경에서 팀원에게 도움이 되는 뭔가를 한다면 이것도 코칭이 될 수 있다.

탕비실에서 커피를 타면서 만난 팀원에게 수고했다고 말을 건네보자. 오늘 발표가 인상적이었다고 말을 해 보자. 대면이 불편하다면 카톡이나 문자로 이런 내용을 보내는 것도 좋은 코칭이 될 수 있다. 가볍게 보낸 말 한마디, 칭찬과 격려가 팀원에게는 큰 힘이 되어 성장과 변화의 씨앗이 될 수 있다. 부감스럽게만 생각하고 아무런 말을 하지 않는다면 오히려 팀원은 자신에 대한 무관심으로 인식하고 더욱 팀장의 코칭을 멀게 생각할 수도 있다.

② 코칭 수용 능력을 키워 보라.

코칭을 꼭 팀장이 팀원에게 주어야 한다고 생각하기보다는 상호작용으로 이해하는 것도 좋다. 팀장이 코칭하는 것이 부담스러운 경우에는 팀원이나 동료 직원들에게 코칭을 부탁하는 것도 좋다. 팀장인 내가 잘하고 있는 부분은 무엇이고, 잘 안되고 있는 부분은 무엇인지 코칭을 요청해 보라. 개선될 부분이 무엇인지 피드백을 요청해 보라.

리더인 팀장이 자신의 취약성을 드러내고 동료나 팀원에게 코칭을 요청한다면 예상 밖의 좋은 성과를 얻을 것이다. 이런 팀장의 수용능력을 강화한다면 팀장 스스로 자기 자신을 정확히 인식하게 되고, 또한 팀원에게 다가가기가 훨씬 쉬워져서 팀원에 대한 코칭도 효과적으로 이루어질 가능성이 높아진다.

코칭을 팀원들의 성장과 바람직한 행동을 지속적으로 하기 위한 동기를 유발할 수 있는 '대화'라고 인식하면 좀 편하게 느껴질 수 있을 것 같다. 필요에 따라 용기를 내어 팀원들에게 팀장 자신에 대한 코칭과 피드백을 요청하는 모습은 팀원들에게 지속적으로 다가가는 모습으로 보여지면서, 팀원들도 팀장을 이해하게 되고 팀장의 코칭을 좋아하게 될 것이다.

**Case
02**

팀원들은 팀장의 성과코칭대화에 대해 별로 관심이 없는 것 같아요

팀장의 S.O.S

김주섭 팀장은 박태완 주임의 의견을 듣고 싶어 대화를 시도했다. 박 주임은 좀체 자신의 생각이나 의견을 드러내지 않는다. 결국 김 팀장이 오늘도 미팅 대부분의 말을 한다. 박 주임은 단답형으로 간단히 대답을 하거나, 그저 고개를 끄덕일 뿐이다. 김 팀장의 의견에 동의해서 끄덕이는 건지, 미팅을 빨리 끝내려고 그냥 고개만 반사적으로 움직이는 건지 도무지 알 수가 없다. 이런 식의 미팅이면 정기적인 미팅을 계속하는 게 무슨 의미가 있을까 하는 생각마저 든다.

실전 솔루션

팀원이 성과코칭대화에 별로 관심이 없다면 그 이유가 무엇인지 살펴볼 필요가 있다. 특히 중요하게는 팀원이 자기의 이야기를 하기가 불편한 상황이나 환경이 아닌지를 살펴봐야 한다. 즉 무엇을 말해도 그 말로 인해 불이익이나 불편이 없어야 한다는 것이다. 에이미 에드먼슨Amy Edmondson은 이러한 조직을 '두려움 없는 조직'이라고 정의했다. 성과코칭대화가 편하게 느껴지기 위해서는 무엇보다, 심리적 안전감을 주는 두려움 없는 조직문화를 만드는 것이 중요하다. 심리적 안전감을 위해서는 개인적인 차원과 함께 조직 차원의 접근이 필요하다. 심리적 안전감에 기반한 두려움 없는 조직문화, 대화문화를 만들기 위해서는 다음과 같이 해 볼 것을 추천한다.

① 솔직하고 편안한 대화를 시도해 보자.

팀장이 먼저 솔직하고 편안한 대화를 시도해 보자. 형식적이고 결과지향적인 대화는 상대방에게 불편하게 느껴질 수 있다. "나는 당신의 말을 들을 준비가 되어 있고, 당신이 어떤 말을 해도 그 말은 당신에게 불이익을 주지 않을 것이다."라는 믿음을 주는 것이 좋다. 또한 팀장이 자신의 모습을 그대로 보여주는 것도 중요하다. 팀장은 종종 모든 것을 알아야 하고, 팀원의 말한 것에 대해 전능적인 피드백을 줘야 한다는 강박을 갖는다. 팀원과 풍성한 대화를 원한다면 때론 팀장 자신의 취약성 vulnerability을 드러내는 것도 좋다. "나도 모르는 게 있어. 당신이 좀 도와주면 좋겠어. 당신의 생각과 아이디어도 알려줘." 팀원이 마음속에 심리적 안전감이 자리 잡게 된다면, 보다 생산적인 대화에 편하게 참여할 것이다.

② 스몰토크 small talk로 대화를 시작해 보자.

심리적 안전감에 기반한 두려움 없는 조직문화, 대화문화를 만들려면 먼저 구성원들끼리 만나야 한다. 팀장과 팀원이 만나야 한다. 그런데 팀원이 팀장을 만나는 것을 꺼려 한다면 더 이상 진도는 나가지 않는다.

간단하고 경쾌한 소소한 것들로 대화를 시작해 보자. 주말에 있었던 축구경기에 대해서, 또는 친구들과 함께한 여행이나 영화 등에 대해 얘기해 보자. 너무 무거운 성과창출을 위한 빅 토크 Big talk보다는 스몰토크 small talk로 시작하자.

스몰토크로 대화를 즐기고 자신의 얘기를 스스럼없이 꺼낼 수 있게 된다면 팀원들은 보다 적극적으로 성과코칭대화에도 참여할 것이다.

Case 03 성과면담에서 제대로 질문하기가 어려워요

🚨 팀장의 S.O.S

이기정 팀장은 얼마 전 코칭 교육을 받았다. 코칭에서 매우 중요한 스킬들 중에 하나가 질문이라고 배웠다. 그러나 막상 팀원들과 대면하게 되면 질문하는 게 너무 힘들다. 그래서 질문보다는 지시나 전달하는 형식을 취하고 있다. 어떻게 하면 질문을 효과적으로 할 수 있을지 고민이다.

💡 실전 솔루션

질문은 팀원의 속마음을 알 수 있고, 정보를 얻을 수 있으며, 혹 잘못된 코칭을 막아 줄 수도 있다. 질문은 상대의 생각과 마음을 열게 할 뿐만 아니라, 스스로 해결안을 찾게 해 주는 중요한 도구이다. 그렇기에 팀장은 코칭의 대화에서 의도적으로 질문을 해야 한다.

① 상대의 속마음을 파악할 수 있는 질문을 하자.

팀원이 만들어 낸 결과물이 모두 이해가 되는 것은 아닐 것이다. 팀장의 기준에서 맞지 않는다고 결과물을 평가절하하거나 팀장의 시선으로 잘못되었다고 질책하는 것은 옳지 않다. 팀장은 상대의 속마음을 파악하기 위한 질문을 할 필요가 있다. 만약 질문하지 않고 느끼는 대로만 코칭을 한다면 속마음을 알아주지 않는 팀장에게 팀원은 마음을 닫아버릴 수도 있다. 윌리엄 유리Willim Ury는 입장position과 이해interest를 구분하여, 이해 즉, 속마음, 진짜 의도를 파악하는 것이 갈등해소와 협상에서 중요한 원칙이라고 하였다. 어떻게 보면 팀원과의 성과코칭대화는 갈등해소 과정이요, 협상 과정이라고 생각할 수 있다. 질문은 상대의 속마음을 알 수 있고, 정보를 얻을 수 있으며, 닫힌 마음을 열 수 있다. 특히 입장position에 근거한 잘못된 코칭을 막아줄 수도 있다. 애드거 샤인Edgar H. Schein이 언급한 '겸손한 질문'이 필요하다. "나도 모든 것을 알지 못해, 나는 부족한 사람이야, 당신의 속마음을 알고 싶어, 그래야 나도 당신을 도울 수 있어." 라는 성숙한 팀장의 의사표시인 것이다.

② 팀원의 관점을 확장하는 질문을 하도록 노력하자.
만약 팀원이 작성한 보완할 부분이 있는 보고서를 받았다면 어떻게 반응할 것인가? 팀원의 관점에서는 최선의 보고서일 것이다. 그러나 회사나 고객의 관점을 보다 잘 알고 있는 팀장의 관점에서는 부족한 부분이 많이 보이게 된다. 이럴 경우 팀장이 보완점을 직접 말해 줄 수도 있다. 더 구체적으로는 지시하거나 교정해 줄 수 있을 것이다. 그러나 질문을 통해 팀원 스스로 해결점이나 보완점을 찾아낸다면, 팀원은 '내가 이 일을 스스로 해 냈구나' 또는 '내가 이 일을 스스로 할 수 있겠구나' 라는 성취감과 자신감을 갖게 된다. 코칭을 할 때 팀장의 좋은 질문은 관점의 확장과 행동의 변화를 가져오는 힘이 된다. 관점을 확장하기 위한 좋은 질문이 되기 위해서는 '미.열.어'의 방법을 활용하면 좋다. 예를 들면 먼저, '미래지향적' 질문이다. "이것이 해결되기 위해서는 김 대리는 어떤 것을 준비할 수 있나요?", 다음은 '열린' 질문이다. "김 대리의 생각을 알고 싶은데. 어떤 계획을 갖고 있나요?", 마지막으로 '어떻게' 질문이다. "김 대리의 성공을 위해 내가 어떻게 하면 도움이 될 수 있을까요?" 관점을 확대하는 질문은 팀원의 잠재력을 깨우는 데 많은 도움이 된다.

Case 04

성과면담에서 요점 없는 대화가 너무 힘들어요

팀장의 S.O.S

최유환 팀장은 김정식 대리와 미팅을 할 때마다 부담스럽다. 요점 없이 쓸데없는 말을 두서없이 해 대는 김 대리와의 미팅은 시간 낭비라는 생각이 든다. 이번 달에도 김 대리와 미팅을 해야 하는데, 어떻게 대처하면 좋을까 싶다. 최 팀장은 많은 업무로 처리해야 할 것들이 태산인데, 성과도 나지 않는 김 대리와 성과코칭대화를 해야 하는 게 정말 부담스럽고 피하고 싶다.

실전 솔루션

팀원과의 성과코칭대화 모습은 어떤지 스스로 점검해 볼 필요가 있다. 혹시 '답정너'로 미리 정해진 답을 갖고 대화를 하면서 상대방의 말하는 것에는 관심을 두지 않는 것은 아닐까? 상대방의 말에 관심을 갖고 적극적으로 듣는 경청은 효과적인 코칭에 있어서 매우 중요한 수단이 된다. 경청하지 않는 팀장은 아무리 좋은 코칭을 한다고 하더라고 팀원들이 외면하기 쉽다. 팀원들은 자신들의 애로사항과 요청에 대해 팀장의 진정한 태도, 특히 경청해 줄 것을 원하고 있다. 요점 없는 말을 두서없이 하는 것 같은 팀원과의 대화가 부담스럽다면 이렇게 해 볼 것을 제안한다.

① 일방적인 말하기보다는 쌍방의 소통에 집중해 보자.

소통을 잘하는 팀장은 두 가지를 잘 한다. 첫째는 상대방의 말을 잘 경청해 상대방의 의사나 생각을 잘 파악한다. 둘째는 자신의 의사나 생각을 합리적이고 논리적으로 전달한다. 일반적으로 소통을 잘하는 사람은 말을 잘하는 사람으로 인식하지만, 사실은 상대방의 말을 경청하는 사람이다. 경청해야만 나의 말을 할 수 있다. 코칭의 순서는 관찰, 질문, 경청, 피드백이다. 경청, 즉 제대로 들어야만, 나의 생각 전달, 즉 피드백을 할 수 있다. 경청 없는 일방적 말하기보다는 서로의 생각과 의견을 주고받는 쌍방향 소통疏通에 집중해 보면 좋겠다.

② 공감적 경청을 하도록 노력해 보자.

팀장은 다양한 태도와 성향을 갖고 있는 팀원들을 대하게 된다. 팀장이 무엇인가를 코칭하기를 원한다면, 먼저 팀원의 말을 인내심 있게 듣는 것이 필요하다. 기다릴 수 있어야 한다. 성과코칭대화를 시작했다면 '공감적 경청傾聽'을 하도록 노력해 보라. 공감적 경청은 인지적 노력을 동반하는 역지사지易地思之 경청이다. 상대방의 패러다임으로 들어가서 말을 듣는 것이다. 팀장이 먼저 공감적 경청의 태도를 보여준다면 팀원은 마음을 열고 핵심을 향한 대화에 적극 참여할 것이다. 그러면 따분하게 느낀 성과코칭대화가 어느새 즐겁고 유익한 대화가 될 수 있다.

다음과 같이 표현할 때 팀원들은 더욱 공감을 느낀다고 할 것이다.

- 팀원이 이야기할 때 눈을 맞추거나, 시선을 적절히 접촉해 주기
- 팀원의 이야기를 들으면서 고객을 끄덕이거나 미소로 반응하기
- 추임새와 같은 음성 반응(아하, 으흠, 네~, 그렇구나, 정말? 등)을 보여 주기
- 팀원의 이야기를 들으면서 관심이 가거나 확인이 필요한 부분은 질문하거나 다시 내말로 말하기
- 팀원과 대화하는 시간 동안 핸드폰 잠시 내려놓고 팀원에게 집중하기

성과면담에서 주로
질책하는 말을 하기 쉬워요

팀장의 S.O.S

류규정 팀장은 김수로 대리의 기획안이 맘에 들지 않는다. 지난번에도
분명히 고쳤으면 하는 부분을 말해 줬는데도, 여전히 수정되지 않는 상
태로 기획안이 만들어졌다. 제대로 알아듣지 못하고 일을 제대로 하지
않는다는 생각이 드니, 여러 번, 강한 어조로 말하게 되는 류 팀장은 스스
로 화가 더 치밀어 오른다. 성과코칭대화에서 좋은 말이 나가지 않는다.

실전 솔루션

코칭의 성과를 만들어 내는 주체는 팀장이 아닌 팀원이다. 즉 성과를 높이기
위해 직접 행동을 해야 하는 사람은 팀원이다. 그러나 팀장의 입장에서 팀장
의 논리로만 이야기한다면 그 취지나 목적이 옳다고 하더라도 좋은 성과를
만들어 내기는 쉽지 않다. 말이 거칠어지고 질책하는 말이 많아진다고 생각
이 들면, 이렇게 해 보자.

① 팀원을 배려하는 대화나 문장으로 시작해 보자.

팀원과의 1:1 대화를 할 경우, 팀원의 이야기를 경청한다고 시작하지만, 대부
분 팀장은 팀원의 이야기를 듣고 싶어하기보다는 팀장이 하고 싶은 이야기를
한다. 그렇기에 대부분의 경우는 바로 본론으로 들어가기가 쉽다. 듣는 팀원

의 입장에서는 "너는 틀린 부분이 많고, 내가 지금 말을 해 줄 테니, 토 달지 말고 잘 들어."로 생각할 수 있다. 대화의 시작을 조금 다르게 해 보면 어떨까? "김 대리, 요즘 하는 일은 잘 되나요? 내가 궁금한 게 있는데, 김 대리 이야기를 좀 듣고 싶어요, 이번 프로젝트에 대해 김 대리는 어떻게 생각하나요?"라고 배려하는 대화와 문장으로 대화를 시작해 보자. 팀원은 방어적인 자세를 내려놓고 팀장의 이야기를 훨씬 잘 들을 것이다. 팀원이 방어적인 자세를 내려놓고 팀장의 말을 경청한다면 팀장의 말도 훨씬 부드럽고 생산적인 말이 될 것이다. 팀장이 성과코칭대화에서 자기 할 말만 한다면, 팀원은 하고 싶은 이야기가 있더라도 하지 않을 것이다. 싫고 불편한 대화가 지속될 것을 알기 때문이다.

② 요점으로 대화를 이끌어 보라.

성과코칭대화에서 가장 흔히 하는 실수가 반복적으로, 강하게 팀장의 말을 하는 것이다. 개선이 잘 되지 않는 것으로 판단하고, 또 제대로 팀장의 말을 이해하지 못했을 것 같은 걱정이 앞서게 되기에, 반복적으로, 강하게 말을 하기가 쉽다.

팀장이 이런 식의 코칭을 한다면, 팀원은 반사적으로 더욱 강하게 코칭을 밀어낼 것이다. 이젠 코칭을 위한 대화의 시간을 갖는 것도 힘들어질 수 있다. 했던 말을 반복적으로 말하고 거칠게 표현하고 있다는 것은 대화를 주도하고 싶고, 상대방에게는 일방적으로 따르라고 하는 마음의 표현이기도 하다. 개선을 위한 코칭을 할 경우에는 팀장이 하고자 하는 말을 요점으로 간단히, 그러나 권위 있게 전달하는 것이 필요하다. 그러기 위해서는 행동 중심, 과제 중심으로 핵심을 찾아 피드백하는 노력을 해 보자. 만약 지각을 자주 하는 팀원이 있다면, "김 대리, 이번주 월, 화, 수 3일 연속 지각이네요. 내일부터는 제 시간에 맞춰 출근을 하면 좋겠는데… 가능하죠?" 팀원 자체가 아닌 팀원이 행한 행동 중심으로 코칭과 피드백해 주자.

Case 06 팀원을 어떻게 칭찬해야 할지 잘 모르겠어요

 팀장의 S.O.S

오성식 팀장은 김규리 대리와 미팅을 끝내고 나면 항상 후회하는 것이 있다. 잘하고 있는 부분을 칭찬해 주고 싶었는데, 오히려 수정해야 할 부분만 거침없이 말했다. 김 대리의 표정도 밝지 못하다. 오 팀장은 칭찬을 제대로 하지 못한 것이 미안했다. 칭찬을 잘하고 싶은데 생각처럼 잘 안된다.

🔆 실전 솔루션

코칭에서 중요한 스킬은 피드백이다. 피드백에서도 상대의 행동이 지속적으로 반복해서 나타날 것으로 기대하고 하는 것이 칭찬이다. 칭찬은 팀원을 춤추며 움직이게 하는 최고의 동기부여 수단이다.

① 쉽고 간단하게 시작하는 것으로 연습을 해 보세요.
심리학자 매슬로우A. H. Maslow는 인간의 욕구를 5단계로 구분하였다. 1단계는 생리적physiological 욕구, 2단계는 안전safety의 욕구, 3단계는 애정/소속love/belonging 욕구, 4단계는 존중esteem의 욕구, 마지막 5단계는 자아실현self-actualization 욕구이다. 칭찬은 3, 4단계의 욕구를 포괄하며 선진화된 사회에서 인간이 추구하는 가장 근본적인 욕구일 수 있다. 그만큼 칭찬은 조

직생활을 하는 인간에게는 필수적이다.

'칭찬하는 게 맞을까?' '혹 쓸데없는 칭찬을 하는 것은 아닐까?' '멋지게 칭찬하는 방법이 없을까?' 칭찬을 할 때는 너무 복잡하게 생각하지 말자. 작은 성과나 좋은 행동에 대해서도 간단하게 "잘했어"라고 말해 주는 것만으로도 상대방은 기뻐하고 동기부여가 된다. 칭찬할 때의 어색한 느낌은 익숙하지 않아서 생기는 경우가 많다. 매일 조금씩이라도 연습을 하면 칭찬하는 내 모습이 어색하지 않고 더욱 자신감을 갖게 될 것이다. 그리고 가벼운 칭찬이 익숙해진다면, 점차적으로 좀 더 구체적인 칭찬을 할 수 있도록 노력해 보자.

② 칭찬은 C.A.N.의 방식으로 하자.

뻔하지 않게 칭찬을 하려면 C.A.N.방식을 사용해 주면 좋다.

먼저 C는 Catch를 의미한다. 칭찬할 상황을 발견하면 지체 없이 바로 칭찬의 기회를 가지는 것이다. 칭찬할 기회를 찾아내는 매의 눈을 갖는 것은 중요하다.

두 번째 A는 Action을 의미한다. 즉시 자세하게 칭찬받을 행동을 칭찬하는 것이다. 행동을 칭찬하는 것은 그 행동을 계속해서 반복해 줄 것을 기대하기 때문이다. "김 대리, 어제 보고한 채권관리보고서 말인데, 보고서가 분기별 추세와 지역별 문제점, 개선점 등을 상세히 설명해서 너무 좋았어." 뭉뚱그려서 대충 칭찬하는 게 아니라, 칭찬의 내용을 구체적으로 말해 주는 것이다.

마지막으로 N은 Nutrition을 의미한다. 팀원이 한 행동이 팀장인 당신과 조직에게 미친 영양분을 설명해 주는 것이다. "김 대리, 김 대리가 작성한 보고서 덕분에, 향후 팀 성과관리에도 많은 도움이 되었고, 향후 본부장님께 예산을 받아오는 것도 훨씬 쉬울 것 같아. 수고 많았어. 고마워." 김 대리의 행동이 단지 개인에게만 유익된 것이 아니라, 팀장과 조직에게도 많은 영향을 끼쳤다는 것을 얘기해 주는 것은, 자존감과 자신감을 갖게 해 주면서, 자기가 맡은 업무에 더욱 최선을 다하게 하는 최고의 방법이 된다.

Case 07

성과면담을 해도 잘 바뀌지 않아요

팀장의 S.O.S

정형진 팀장은 팀원들에게 코칭(대화)을 자주 하려고 노력한다. 잘하고 있는 것에 대해서는 칭찬과 인정도 가끔 해 주지만, 개선해야 할 것들을 더 많이 이야기해 준다. 팀원들이 모두 잘되기 원하는 마음이다. 그런데, 팀원들은 정 팀장의 코칭을 잘 받아들이지 않는다. 정 팀장은 어떨 때는 '소귀에 경읽기'라는 속담이 떠오를 정도이다. 이렇게 열심히 코칭하는데, 팀원들의 변화는 전혀 일어나지 않는 것 같다.

실전 솔루션

코칭을 하는 팀장이 아무리 열심을 내어도 팀원이 스스로 받아들이지 않는다면 그 효과는 크지 않다. 팀장이 할 수 있는 역할은 팀원이 스스로 할 수 있도록 동기부여를 해주고, 강제가 아닌 납득시키고, 수용가능한 피드백을 제공하는 것 등이다.

팀원의 수용성을 높이기 위해서는 다음과 같이 해 보자.

① 좋은 결과에 초점을 맞춰서 대화를 해 보자.

잘 안된 결과에 초점을 맞춰서 대화를 하기보다는 팀원이 만들어 낸 좋은 결과에 초점을 맞춰서 대화를 하는 게 좋다. 앞의 피드백 부분에서 언급한 내용이지만, 미국 미식축구의 전설적인 코치인 톰 랜드리Tom Landry는 선수들의 긍정적인 성과에 초점을 맞춰 더 잘하게끔 격려했다. 그는 선수들이 자신이 잘한 부분을 인식한다면 그 역량을 키울 수 있을 것이라고 생각했다. 그는 선수들에게 실수한 부분을 보여주는 것이 아니라 잘한 경기를 슬로우 모션으로 보여주면서 잘한 부분을 적극 칭찬해 주었다. 실수를 개선하는 것도 중요하지만 잘하는 것을 더 잘하게 만들어야 더 나은 성과를 만들 수 있다고 믿었기 때문이고, 결국 그의 생각과 의도는 맞았다. 팀원이 만들어 낸 좋은 결과를 칭찬하고 인정해 주어라. 그 결과를 통해 성공의 패턴을 인식하고 반복하게 해 주라. 팀원의 변화를 인식하게 될 것이다.

② 구체적이고 건설적인 대화를 해 보자.

팀원이 코칭에 대한 수용성이 떨어진다면 팀장이 주는 코칭 내용이 너무 피상적이지는 않은지 점검해 볼 필요가 있다. 독일 콘스탄츠 대학교 프랭크 비버Frank Viver 교수는 구체적인 목표와 계획을 가진 집단과 그렇지 못한 집단을 통한 실험연구에서, 구체성이 실행력을 높이는 데 매우 중요한 요소임을 발견했다.

구체성이 떨어진 코칭과 피드백은 팀원이 수용해서 적용해 나가기가 힘들수 있다. 또한 팀원의 입장에서 별로 도움이 되지 않는 코칭과 피드백이라면 팀장 앞에서는 긍정적인 반응을 보이지만 실제 업무에서는 굳이 적용할 필요성을 느끼지 않을 것이다.

"매번 보고서는 엉망이군요."라고 말하기보다는 "이번 보고서는 도표와 수치로 표현해 주어서 이해하는 데 많은 도움이 되네요."라고 구체적이고 건설적으로 피드백을 주는 것이 효과적이다.

Case 08
기대했던 우수한 팀원의 성과가 예상보다 저조해요

🚨 팀장의 S.O.S

최재혁 팀장은 팀의 일명 에이스 박상아 대리에게 칭찬을 아끼지 않는다. 박 대리는 어떠한 일도 주저하지 않고 적극적으로 처리하며, 기대 이상의 결과를 가져왔다. 참신한 아이디어와 적극적인 자세로 주변에서 늘 칭찬과 인정이 그를 따랐다. 그런데, 올 상반기 가장 중요한 사업을 맡은 박 대리의 결과물은 솔직히 기대 이하였다. 너무 기대치가 높아서였을까? 최 팀장은 어떻게 해야할지 고민이다.

💡 실전 솔루션

평소 성과도 좋고, 태도도 좋은 팀원은 일명 에이스, 즉 핵심 인재이다. 이런 팀원에게는 시시콜콜하게 코칭을 하면 오히려 역효과가 날 수도 있다. 그래서 나름 방임(?)을 해두었더니, 기대했던 성과를 밑도는 결과물을 만들었다. 실망감이 밀려온다. 코칭할 때는 이렇게 해 볼 것을 제안한다.

① 저조한 성과에 대해 바로 의견을 전달하기보다는 질문으로 살펴보자.

전반적으로 우수한 팀원은 일을 할 때, 우선순위와 바람직한 결과가 무엇인지에 대해 파악을 하고, 스스로 목표달성을 위한 구체적인 계획을 수립했을 것이다. 또한 팀장이 요구한 내용 이외에도 본인의 참신한 아이디어를 더했을 것이다. 그런데 결과물이 기대 이하일 경우, 팀장은 피드백을 마구 쏟아내고 싶을 것이다. 팀장의 노하우를 전수하고 싶을 것이다. 그렇지만 박 대리의 입장에서는 원하지 않는 정보와 방법을 팀장이 전달하는 것은 불필요한 간섭처럼 느껴질 수도 있다. 팀장의 의견을 바로 전달하기보다는 질문을 먼저 해 보라. "박 대리, 혹시 이번 과제를 완성하기 위해서 내가 도와줘야 할 것들이 있을까?" "현재까지 진행하면서 잘 풀리지 않는 문제가 있나요?" 질문을 통해서 팀원이 필요로 하는 정보와 방법을 파악할 수 있고, 필요할 경우 팀원이 요청한 정보와 방법 등을 제공할 수 있을 것이다. 이럴 경우 팀원은 거부감 없이 팀장의 코칭을 받아들일 수 있을 것이다.

② 지원사항을 확인하고 여전한 신뢰를 표현하라.

혹시 지원사항이 있는지 확인해 보라. '맡겼으니 알아서 잘해.'라는 모습보다는 '믿고 맡기니 필요하면 언제든지 도움이나 지원 요청해!'가 훨씬 신뢰감을 잘 표현한 것이다. 팀장이 자신을 믿어주는 것을 인식한다면 그 팀원은 더 좋은 성과를 달성해 낼 것이다. 일시적으로 성과가 기대를 밑돌지는 모르지만, 팀장의 여전한 신뢰는 다시 그 팀원을 뛰게 할 것이고 더 큰 목표에 도전하게 될 것이다. 팀의 핵심인재인 박 대리는 성공의 경험을 가지고 있으며, 좋은 성과에 도달하는 자기만의 패턴을 인지하고 있을 것이다. 이런 팀원에게는 일의 목적과 방향, 팀의 기대만 알려줘도 스스로 차별화된 성과를 만들어 낼 가능성이 높다. 일시적 성과미달에 집착하기보다는 팀원이 필요로 하는 자원과 정보를 제공해 주라. 그리고 변함없는 신뢰를 보여주라. 팀장이 자신의 생각과 방법을 일방적으로 전달하는 것은 박 대리와 같은 에이스에게는 오히려 독(毒)이 될 수도 있다. 믿고 있고 지지하고 있음을 보여주라. 도움이 필요할 때 언제든 도움을 받을 수 있다는 것을 알려주라. 박 대리는 다시 에이스로 복귀할 것이다.

Case 09 열심히 노력하는데 성과가 나지 않는 팀원이 있어요

🚨 팀장의 S.O.S

기획팀의 유재성 팀장은 요즘 구기영 대리에 대해 생각이 많다. 구 대리는 작년 초에 기획팀에 발령을 받았다. 그 전 팀은 고객들을 주로 만나는 팀이었는데, 평판이 너무 좋았다. 주변 사람들을 밝게 만들고, 조직 내 긍정 에너지의 중심이었다. 그러나 작년 기획팀에 발령이 난 이후 본인의 역할을 잘 수행하지 못하고 있고, 그에 따라 성과는 낮았다. 현업에서 민원 중심의 일을 수행하다 보니 기획팀에 필요한 논리적 사고, 기획력, 문서작성 능력 등 모든 면에서 부족한 상태이다. 태도가 좋고, 열심히 노력하는데 성과가 나지 않는 구 대리를 보면 안타까운 마음이 든다.

💡 실전 솔루션

주위로부터 칭찬과 인정을 받는 모범적인 팀원이 좋은 성과를 내지 못하면 팀장으로서는 안타까움이 더 하게 된다. 본인도 나름 열심히 하고 있는데, 성과가 나지 못하고 있다면, 팀장으로서는 더욱 코칭에 신경을 써야 할 것이다. 최근 구 대리가 술자리에서 동료들에게 "정말 열심히 하는데 성과가 나지 않아 많이 속상합니다."라는 푸념을 했다는 이야기도 들으니 더욱 안타까운 마음이 든다. 태도가 좋고 열심히 노력하는데 성과가 나지 않는 팀원이 있다면 이렇게 코칭할 것을 제안한다.

① 먼저 성과를 만들어 내는 함수의 구성요소를 파악하라.

성과함수는 보통 역량ability, 동기motivation, 환경resource으로 구성된다고 한다. 먼저 구 대리가 성과가 나지 않는 원인을 성과함수에서 찾아볼 필요가 있다. 성과를 내기 위한 역량은 어떠한지, 조직에 헌신하고자 하는 동기는 높은지, 그리고 제대로 일할 수 있는 근무환경은 제공되고 있는지 살펴볼 필요가 있다. 구 대리가 정말 열심히 최선을 다하고 있는데도 성과가 나지 않는다면, 동기는 높으나 역량 또는 환경에 문제가 있을 수 있다. 또는 팀장이 판단한 높은 동기가 일에 대한 동기보다 다른 겉으로 보여지는 모습에 국한된 것은 아닌지도 살펴볼 필요가 있다. 역량에 문제가 있다면 역량을 향상시키기 위한 코칭을 지속적으로 해야 할 것이고, 환경에 문제가 있다면 이는 코칭이 아닌 환경, 시스템을 변경·조정해 주어야 한다.

② 주위와 상호작용을 통해 육성하라.

만약 구 대리에게 도움이 필요한 것을 발견했다면, 가장 먼저는 팀장이 코칭을 적극적으로 진행하는 것이다. 구대리의 기획업무에서 가져오는 결과물에 대해 구체적으로, 실무적으로 업무가 향상될 수 있도록 지속적으로 피드백을 해 주는 것이 바람직하다.

본인의 역량에 비해 난이도가 있는 업무를 수행하는 팀원에게는 주기적인 피드백 약속을 잡고, 팀장이 직접 팀원과의 상호작용을 통해 학습이 이루어지도록 하는 것이 성과향상에 도움이 될 것이다. 그리고 팀장 혼자만 역할을 하는 것이 아니라, 조직 구성원들도 함께 지원하게 하면 좋다. 다른 사람을 통해 학습과 성장이 이뤄지도록 지원하는 것도 좋은 방법이 될 수 있다. 동료 또는 팀내 다른 직원이 관련 업무에 대해 더 많은 전문성과 경험을 가지고 있다면 팀장은 서로 코칭하면서 일할 수 있도록 배치하는 것도 좋은 방법이다. 팀장의 배려 깊은 관심과 코칭은 팀원의 성장과 동기부여에 결정적 영향을 미치게 된다.

Case 10 성과는 좋지만
평소 태도가 좋지 못한 팀원과는
성과면담이 껄끄러워요

 팀장의 S.O.S

최근 우리 팀의 김 차장에 대한 후배 팀원들의 불만이 많다. 김 차장은
업무적으로는 탁월하지만, 후배들과 커뮤니케이션을 잘하지 못한다.
김 차장은 향후 우리 팀의 팀장으로 성장할 인재이지만, 팀원들과 잦
은 문제를 일으키고 있다. 일명 '일잘러'이지만 팀원들과 잦은 문제를
일으키는 팀원은 어떻게 코칭해야 할지 고민이 된다.

실전 솔루션

김 차장은 향후 우리 팀을 이끌 인재이다. 팀이나 본부에서는 김 차장의 업무
역량에 대해서는 모두가 인정하고 있다. 그러나 상사가 아닌 후배 직원들에
게는 인정을 못 받을 뿐 아니라 오히려 업무에서 잦은 문제를 일으키고 있다.
성과는 좋지만 태도나 자세가 바람직하지 못한 이런 중간관리자급 팀원에게
는 다음과 같이 해 볼 것을 제안한다.

① 팩트를 기반으로 개인적인 미팅을 통해서 코칭하자.

먼저 코칭할 정확하고 객관적인 정보를 확인해야 한다. 팩트체크가 필요하
다. 혹시 팀장인 내가 선입견이나 들리는 소문 등으로 문제가 있다고 판단한
것은 아닌지 살펴봐야 한다. 종종 다른 팀원들의 이야기만 듣고 판단한 경우

가 있다. 결과적으로 김 차장에게 문제가 있다고 판단이 되면 코칭을 준비해야 한다. 보통 코칭을 할 때 결과물과 사람을 분리할 필요가 있는데, 이런 경우는 결과물보다는 사람에 대한 코칭이 될 것이다. 객관적인 사실이 파악되었다면 개인적인 성과코칭 미팅시간을 적극 활용해야 한다. 김 차장과 비공식적인 환경에서 개인적인 대화로 시작하는 것이 좋다. 너무 공식적인 딱딱한 분위기에서 대화를 하면 힘들기 때문이다. 김 차장의 태도에 대한 피드백을 제공하고, 이로 인해 팀 분위기와 협업에 미치는 부정적인 영향에 대해서도 이야기해 주라. 이때 비난이 아닌 구체적인 사례와 관찰결과를 제시하며, 김 차장의 태도변화가 팀 차원에서 얼마나 중요한지 공감하며 대화하면 좋다.

② I-message로 피드백을 하자.
성과코칭 미팅은 객관적인 사실을 기반으로 진행하되, '나는 ~~라고 생각해요.'라는 I-message 화법으로 하면 좋다. '당신은'으로 시작하는 You-message 화법을 사용하면, '당신은 항상 이렇다, 당신은 문제가 있다. 당신은 부족하다.'와 같이 상대를 공격하고 비난하거나 무시하는 말이 되기 쉽다. 공격, 비난, 무시의 느낌을 받는다면 상대의 메시지보다는 오히려 메신저에 대한 거부감이 생기고 자기를 방어할 가능성이 많아진다.

자주 지각하는 팀원에 대해 I-message 화법으로 대화를 해 본다면, "김 대리! 김 대리가 이번주 3일 연속 지각으로(사실), 나는 김 대리에 대한 신뢰가 무너지고 있고, 우리 팀을 무시한다는 생각이 들어(나의 느낌)", "김 대리의 그런 행동으로 우리 팀은 제때에 회의를 시작하지 못함으로 팀 전체 성과에 부정적 영향이 발생되고 있어요(영향)", "내일부터는 정확한 출근시간을 지켜주면 좋겠어요. 할 수 있죠(요청)?" I-message 화법을 사용하면, 코칭을 받는 팀원의 입장에서 감정이 상하거나 거부감이 생기기보다는 코칭을 하려는 팀장의 생각과 의도를 이해할 가능성이 높아진다.

Case 11 연중 상시 성과면담을 하지
못하는 상황이 고민스러워요

팀장의 S.O.S

조규성 팀장은 연말이 가장 힘들다. 성과평가와 이를 위한 면담을 해
야 하기 때문이다. 연중에 성과평가를 위한 미팅을 했으면 좋으련만,
자신을 비롯해서 팀원들이 과중한 업무 및 각종 국내외 출장, 휴가, 연
차 등으로 정기적인 성과미팅을 하지 못했다. 올해도 이런저런 핑계
때문에 팀원들과 제대로 성과미팅을 하지 못한 상황에서 연말이 성큼
와버렸다. 조 팀장은 지금이라도 코칭을 제대로 할 수 있는 방법이 없
을까 고민 중이다.

💡 실전 솔루션

'코칭'이 팀원의 성장을 돕는 스킬이라고 정의한다면, 코칭(대화)은 연중 상시
로 하는 것이 바람직하다. 그러나 여러 사정 속에서 상시로 코칭할 수 없는 구
조에서는 좋은 코칭의 효과를 거두기는 쉽지 않다. 그럼에도 팀장은 코칭을
해야만 하는데, 이럴 경우에는 다음과 같이 할 것을 추천한다.

①평상시 팀원에 대한 성과평가 기록을 꼼꼼히 작성하라.

상시 코칭을 할 수 없어서, 연말 평가가 부정확하다면 팀장으로서는 문제가
발생될 수 밖에 없다. 팀원들은 평가가 공정하지 못하다거나, 평가에 대해 이

의를 제기할 가능성이 높다. 이를 방지하기 위해서는 팀장은 평상시에 팀원들에 대한 평가 기록을 작성할 필요가 있다. 일명 관찰일지를 작성하는 것이 좋은데, 관찰일지에는 특정 상황이나 사례를 구체적으로 기록한다. 어떤 상황에서 어떤 행동이 있었는지, 어떤 의견을 제시했는지, 어떤 업무를 수행했는지 등을 상세하게 기록한다. 또한 성과와 개선점을 분리해서 작성하는 게 좋다. 어떤 업적이 있었는지와 함께 개선이 필요한 부분도 함께 작성한다. 긍정적인 점과 개선이 필요한 부분을 동시에 기록하여 팀원 개인의 성장과 발전에 도움을 줄 수 있도록 하는 게 좋다.

② 의도적으로 정기적인 성과면담 시간을 만들어라.

사업기간동안 거의 코칭대화하지 않고 있다가 평가시즌에 성과평가 결과만 달랑 통지하는 것은 아무리 객관적인 결과를 제시하더라도 팀원의 입장에서는 못미더운 것이 사실이다.

성과평가가 제대로 되기 위해서는 사업기간 초기에 명확하게 목표를 설정하고 구성원의 동의를 얻는 게 중요하다. 사업기간이 본격화되면 의도적으로 수시 미팅을 통해 설정한 목표와 현재 수준을 진단하고 목표달성과 문제해결 등을 위한 코칭을 자주 하는 것이 중요하다.

팀원의 성과를 확인하고 올바른 방향으로 가고 있는지 점검하고, 적절한 코칭을 제공하는 것이 중요하다. 대다수 팀장들은 규칙적인 성과면담가 중요하고, 수시 피드백이 중요함을 인식하고 있다. 그러나 과중한 업무, 국내외 출장, 장단기 휴가 등 다양한 핑곗거리로 그 중요한 팀장의 책임을 소홀히 한다. 핵심은 "의도적"이라는 단어이다. 의도적으로 시간확보와 노력을 기울이지 않는다면 내년에도 똑같이 후회하는 모습을 스스로 목도할 가능성이 높다.

Case 12

팀원이 평가의 공정성에 의문을 제기할 때 난감해요

🚨 팀장의 S.O.S

황규선 대리는 직급에 비해 상대적으로 어려운 과업을 맡아, 나름대로 최선을 다해 좋은 결과를 내었다고 스스로 평가했지만, 최종평가에서는 상대적으로 낮은 평가를 받았다. 황 대리는 팀의 선임인 이윤선 차장과 비교할 때, 오히려 더 높은 평가를 받는 것이 공정하다며 평가에 대해 의문을 제기한다. 윤계남 팀장은 황 대리의 이의제기에 고민이 된다.

💡 실전 솔루션

모든 팀원은 업무의 중요도와 난이도가 다른 업무를 각각 수행하고 있다. 따라서 팀장은 각 팀원의 역량, 헌신도 및 그가 맡고 있는 업무의 중요도와 난이도 등을 고려해서 팀원을 평가해야 한다. 팀장은 공평성equality보다는 공정성fairness에 의해 평가를 해야 하는 것은 당연하다.

팀원이 평가의 공정성에 의문을 제기할 때는 이렇게 할 것을 제안한다.

① 평가의 방법과 프로세스에 대해 팀원의 동의를 구하고 설득하라.

평가의 방법과 프로세스, 기준을 명확하게 설명해 주어서 투명성을 높일 필요가 있다. 평가는 일종의 게임의 룰 같은 것이다. 시합을 하기 전에 게임의 룰을 정확히 만들고 설명하고 참여자가 동의를 하는 것이 중요하다.

어렵고 힘들고 시간이 다소 걸리더라도 연초부터 전체 참여자가 충분히 논의하고 조정하고 합의하고 동의하는 과정을 거쳐야 성과평가 시기에 이르러 평가를 할 때 그 결과에 대한 구성원의 수용도가 높아진다.

그렇기 때문에 성과평가의 방법, 프로세스, 기준을 명확히 해두어야 한다. 필요하다면, 중간 평가 미팅이나 정기 미팅 시에 이 부분에 대해 팀원들의 이해를 높이도록 노력해야 한다.

② 팀원의 의문과 불만을 경청하고 개선 의견을 수렴하라.

팀원이 평가에 대해 이의를 제기할 경우, 어떤 부분에 대해 의문과 불만이 있는지 경청하고, 평가 과정 개선에 대한 의견을 수렴하는 노력을 해야 한다. 그들의 의견을 존중하고 필요하다면 개선을 위해 논의를 확대하고 적절한 조치를 취할 수 있는 방안을 찾도록 노력하자.

이는 팀원들이 평가 과정에 대한 신뢰를 갖게 하고, 공정성을 높이는 데 도움이 된다. 공정한 성과평가가 되기 위해서는 평상시에 팀원의 활동과 결과에 대해 피드백을 하고, 기록으로 남겨 놓는 습관을 가지는 것이 중요하다. 기록과 데이터를 통한 결과를 제시할 때, 팀원의 공정성에 대한 불만은 상당히 제거될 수 있을 것이다.

상대평가로 인해 최상위 팀원의 사기 저하가 걱정돼요

 팀장의 S.O.S

강재삼 팀장은 팀원들이 모두 다 노력하고 고생한 것을 잘 알고 있다. 그렇기 때문에 웬만하면 모두 다 최상위등급을 주고 싶다. 그러나 상대평가에 따른 제한된 할당portion 때문에 하는 수 없이 낮은 등급을 줘야 하는 경우가 발생한다. 자칫 잘못하면 평가등급에 대한 기대가 컸던 우수한 자원인 정 대리를 실망시키고 동기를 저하시켜 전체 팀의 성과를 감소시킬 것 같아 걱정이다.

실전 솔루션

팀장은 팀을 이끄는 '작은 CEO'이다. 조직구성원에 대한 절대평가가 증가하고 있지만, 많은 조직들은 여전히 상대평가를 유지하고 있다. 조직은 대부분 한정된 재원을 갖고 있으며, 그 재원을 합리적으로 배분해야 한다. 상대평가는 기본적으로 신상필벌信賞必罰의 원칙을 적용해, 일 잘하는 구성원에게 더 큰 보상을 제공하고 상대적으로 일을 잘 못하는 구성원에게는 최소한의 보상과 성과 개선의 알람을 제공하려고 한다. 팀장의 입장에서 보면 모두에게 높은 점수를 주고 싶겠지만, 그래도 리더라면 누가 일을 잘하는지, 누가 더 노력해야 하는지를 알아야 한다. 그럼에도 상대평가 때문에 사기가 떨어진 우수한 팀원을 대할 때는 다음과 같이 할 것을 제안한다.

① 먼저 인정과 감사를 표현하라.

상대평가 때문에 사기가 떨어진 우수한 팀원에게 먼저 인정과 감사를 표현하자. 그가 팀에 기여한 부분과 그 기여를 통해 팀이 어떻게 변화되고 성장하였는지 인정해 주고 감사의 마음을 진술하게 전달하자. 상대평가의 시스템 때문에 상대적으로 낮은 평가를 받았지만, 그 평가는 정 대리의 전체에 대한 평가가 아니며, 정 대리가 맡은 업무를 상대적으로 평가한 것이라는 것을 알려주고, 그 업무의 결과 역시 우리 팀에서는 매우 큰 기여를 했음을 강조하라.

② 공감을 통한 성과분석과 개선방향을 제시해 주라.

개인 미팅을 활용해서 팀원의 감정을 듣고 이해하고 그와 함께 문제를 해결할 수 있는 방안을 모색하는 시간을 갖는 게 좋다. 개인적인 접근을 통해 개선을 위한 코칭과 피드백 부분을 찾을 수 있을 것이다. 상대적으로 낮은 평가를 받은 팀원의 성과를 함께 분석하고, 어떤 부분에서 더 나은 성과를 이룰 수 있었을지에 대해 이야기한다. 그가 성장할 수 있는 구체적인 방향과 개선할 수 있는 영역을 제시해 주라.

③ 개인적인 성장을 위해 기회와 자원을 제공해 주라.

상대평가로 사기가 떨어지거나 좌절감을 갖는 팀원에게 성장의 기회를 제공함으로써 직장생활의 위기를 극복하도록 도와주라. 팀원이 상사나 동료가 보기 싫고 좌절감을 느낄 때, 리더가 팀원의 성장을 돕기 위해 기회와 자원을 제공하는 것이 큰 위로와 힘이 된다. 그는 성장의 기회를 통해 더 나은 성과를 낼 수 있다는 자신감을 회복하고, 회사가 여전히 자신을 인정한다는 느낌을 받을 수 있다. 팀원과 정기적으로 만나서 그의 성과와 성장에 대해 이야기하고 코칭과 피드백을 제공하는 환경을 만들어 주라. 그는 팀장의 관심과 배려에 감사해하고, 여전히 팀에 헌신할 것이다.

Case 14 요즘 Z세대 팀원과의 성과면담이 힘겹게 느껴져요

팀장의 S.O.S

총무팀의 막내인 김주임은 전형적인 Z세대이다. 자기 중심적인 업무 태도와 사고방식을 갖고 있는 것 같다. 자기업무만 집중하고 다른 동료나 상사는 거의 신경쓰지 않는다는 얘기도 종종 들린다. 딱히 일을 잘 못한다고 할 수는 없지만, 팀 플레이를 해야 하는 팀을 운영하는 팀장으로서는 뭔가 부족함을 느낀다. 어떻게 코칭하면 좋을까?

실전 솔루션

경제사회학자 우석훈 박사는 Z세대를 일컬어 진정한 '선진국 국민'이라고 표현했다. 즉 Z세대는 풍요로운 환경에서 자유로운 사고를 갖고 개별화된 객체로서 살아간다는 의미이다. 기존의 세대와는 매우 차별화된 특징을 갖고 있다는 것인데, 이런 Z세대 팀원들과 성과면담이 힘들다면 이렇게 해 볼 것을 제안한다.

① 먼저 Z세대 특징을 이해하면 코칭대화하기가 훨씬 쉬워질 수 있다.
Z세대는 독특하고 다양한 특징들을 갖고 있다. 특히 Z세대와의 코칭의 시작은 경청의 시간을 늘려주는 것이다. 경청만 한다고 코칭이 완성되는 것은 아니지만 우선 열린 마음으로 듣는 시간을 충분히 늘려라.

Z세대는 상대방과 대화가 된다는 느낌이 들면 거침없이 속마음을 다 드러내지만, 상대방과 대화하기 어렵다고 느끼면 오히려 말을 하지 않고 침묵하는 경향이 있다.

그리고 듣자마자 바로 피드백하기보다는 Z세대 팀원의 이야기를 경청하고 난 후 요지를 파악하고 그 이후 시간적 여유를 갖고 다시 코칭의 시간을 갖는 것이 효과적이다. 이렇게 하면 Z세대 팀원에게 더 강한 신뢰를 주고 보다 편하게 팀장에게 다가오게 할 수 있을 것이다.

② 비대면, IT 기반의 코칭을 적극적으로 활용하라.

코칭을 하기 위해 꼭 면대면 미팅이나 대화를 고집할 필요는 없다. 특히 Z세대 팀원에게는 이메일이나 SNS을 통해 코칭을 진행하는 것이 효과적일 수 있다.

이때도 구체적인 사례와 관찰된 결과를 언급하고, 팀원의 성과와 태도에 대해 명확하고 정중한 언어를 사용하여 코칭을 할 필요가 있다. 피드백의 내용은 구체적이고 건설적인 내용으로 전달되어야 하고, 비난이나 공격적인 언어는 피해야 하는 것이 좋다.

또한 일명 스크롤(카톡 메시지를 볼 때 화면을 상하로 움직이는 것)이 발생되지 않도록 요점 중심으로 피드백하는 것이 좋다. 사례연구에 의하면, Z세대는 상대방과 대화를 할 때 대면으로 할 때보다 비대면, 즉 이메일이나 SNS 등을 활용할 경우, 더욱 효과적이었고 참여도도 높았다는 결과가 있다.

분기별 성과면담
check-in

분기별 check-in 대화		
기간	**대화 주제**	**상태**
1분기 (1/1~3/31)	☐ ☐ ☐ ☐ ☐	E M N
[종합의견]		
팀원 이름		**소속 팀**
일시		

※ E: 기대 이상 Exceeds Expectation / M: 기대 부응 Meets Expectation / N: 개선 요망 Needs Improvement

확인사항	피드백 또는 조치사항

팀장 이름		**소속 팀**	
회차			

참고문헌

[국문]

김미애 외(2022),《굿 피드백》, 플랜비디자인

김윤나(2020),《비울수록 사람을 더 성장시키는 리더의 말 그릇》, 카시오페아

김정현(2021),《팀장 리더십 수업》, 센시오

김호(2016),《난 왜 싫다는 말을 못할까》, 위즈덤하우스

딕 그로테(2011),《성과 평가란 무엇인가》, 빅슨북스

마릴리 애덤스(2017),《삶을 변화시키는 질문의 기술》, 김영사

마셜 로젠버그(2014),《비폭력대화》, 한국NVC센터

브레네 브라운(2018),《리더의 용기》, 갤리온

앤드루 S. 그로브(2018),《하이 아웃풋 매니지먼트》, 청림출판

에드거 샤인, 피터 샤인(2022),《리더의 질문법》, 심심

에드워드 홀(2013),《문화를 넘어서》, 한길사

이재형(2022),《The Goal 2 더 골 2》, 플랜비디자인

존 휘트모어(2019),《성과 향상을 위한 코칭 리더십》, 김영사

폴정(2012),《폴정의 코칭 설명서》, 아시아코치센터

피터 F. 드러커(2010),《성과를 향한 도전》, 간디서원

현순엽(2023),《고성과 리더의 비밀, 원온원》, 파지트

[외국]

Andrew S. Grove(1987), 《One-on-One with Andy Grove》, G.P. Putnam's Sons

Andrew S. Grove(1995), 《High Output Management》, Vintage

Ken Blanchard, William Oncken Jr.(1989), 《The One Minute Manager Meets the Monkey》, William Morrow

Dick Grote(2002), 《The Performance Appraisal, Question and Answer Book》, Amacom books

Max Freedman(2023), 'How to write a self-assessment: 5 Tips to improve your evaluation', Business News Daily

Peter Cappelli, Anna Tavis(2016), 'The performance management revolution', 〈Harvard Business Review〉, Oct, 60~79

Thomas Gordon(2001), 《Leader Effectiveness Training: L.E.T.》, TarcherPerigee

팀장을 위한 성과면담의 기술

초판 1쇄 발행 2025년 3월 31일

지은이 김정현
펴낸이 정덕식, 김재현
펴낸곳 (주)센시오

출판등록 2009년 10월 14일 제300-2009-126호
주소 서울특별시 마포구 성암로 189, 1707-1호
전화 02-734-0981
팩스 02-333-0081
메일 sensio@sensiobook.com

책임 편집 이은정
디자인 Design IF
경영지원 임효순

ISBN 979-11-6657-190-9 (03320)

소중한 원고를 기다립니다. **sensio@sensiobook.com**